U0460640

生活因阅读而精彩

生活因阅读而精彩

"新文风"系列丛书

语言表达和场景适应能力提升宝典

最新适用版

即学即会
演讲致辞

范本　　高　谋⊙主编

中国华侨出版社

图书在版编目(CIP)数据

即学即会演讲致辞范本 / 高谋主编. —北京：

中国华侨出版社,2012.7（2021.2重印）

（新文风系列丛书）

ISBN 978-7-5113-2596-9

Ⅰ.①即… Ⅱ.①高… Ⅲ.①演讲学

Ⅳ.①H019

中国版本图书馆 CIP 数据核字(2012)第154252号

即学即会演讲致辞范本："新文风"系列丛书

主　　编 / 高　谋

责任编辑 / 严晓慧

责任校对 / 王京燕

经　　销 / 新华书店

开　　本 / 787×1092毫米　1/16开　印张/17　字数/253千字

印　　刷 / 三河市嵩川印刷有限公司

版　　次 / 2012年8月第1版　2021年2月第2次印刷

书　　号 / ISBN 978-7-5113-2596-9

定　　价 / 58.00元

中国华侨出版社　北京市朝阳区静安里26号通成达大厦3层　邮编:100028

法律顾问:陈鹰律师事务所

编辑部:(010)64443056　　64443979

发行部:(010)64443051　　传真:(010)64439708

网址:www.oveaschin.com

E-mail:oveaschin@sina.com

前 言

　　演讲致辞是公司领导行使领导职能及相应的活动时不可或缺的一项工作，也是各行业的工作者在会议、活动、演出、典礼仪式中不可避免的日常事务之一。一篇精彩的演讲稿，不仅能够带动会场气氛，打动人心，同时也是讲话者理论修养、思维能力、生活阅历、知识储备、言辞口才等多方面综合能力与素质的体现。

　　如何才能写出高水平的演讲稿？这是当前困扰着大多数人的一个难题。鉴于此，我们特意编写了这本《即学即会演讲致辞范本》，它与现代人公务、事务的实际情况紧密贴合，可以为读者提供帮助和借鉴。

　　与其他同类书籍相比，这本书主要有以下几方面特点：

　　第一，紧密贴合实际工作与生活，内容丰富。本书共有六大章，包括工作会议演讲致辞，领导干部职务调整演讲致辞，开幕式、闭幕式演讲致辞，庆祝节日、纪念活动演讲致辞，典礼、仪式活动演讲致辞，社交礼仪演讲致辞。可以说，但凡我们在工作和生活中最常用、最需要的讲话稿，本书都编录在其中，内容十分丰富，为读者的工作提供了便利和帮助。

第二，既有撰写要领和技巧，又有相对应的范文经典，实用性强。本书在内文的设置上分为两个模块，即"撰写要领"和"范文经典"，将每一类演讲稿需要注意的内容逐一进行讲解，并在下面附了相应的精彩范本。在范本的选用上，尽量选用最新的、满足各个阶层的领导及其他工作者需要的写作范例，以便现用现查，方便实用。

第三，本书在文风上，力求"短实新"，没有空泛的长篇大论，增强了可读性和阅读价值。

本书在编写过程中，引用了许多领导同志的讲话稿，并参考了大量的相关著作和文献资料，在此致以诚挚的谢意。

由于时间有限，书中疏漏之处在所难免，敬请广大读者予以批评指正。

CONTENTS 目 录

第一章 工作会议演讲致辞

即学即会
演讲致辞 范本

第五章　典礼、仪式活动演讲致辞

最新
适用版

第一章

工作会议演讲致辞

第一节 工作会议开始和结束演讲致辞

撰写要领

一、会议开始讲话的概述

会议开始讲话,是指由组织召开会议的机关的主要领导,在会议开始时,向与会人员发表的动员性讲话。

二、会议结束讲话的概述

会议结束讲话,是指由组织召开会议的机关的主要领导,在会议即将结束时,向与会人员所作的总结性讲话,使与会者加深对会议精神的理解,更进一步地提高认识。

三、工作会议开始和结束时演讲稿的写作要领

1.全面了解会议的情况和基本精神,注意演讲稿内容的准确性。

2.言辞要热烈,能激发与会者参加会议的热情,对提高人们的干劲和勇气具有一定的号召力。

3.文字要精练,篇幅不宜过长,具有简明性。

四、工作会议演讲稿的写作要求

1.全面了解会议的情况和基本精神,从整个会议的报告讲话、发言中,抓住问题来写。

2.演讲稿的内容要简明扼要,条理清楚,结构层次严谨,概括准确。

3.对会议取得成效的估价要写得实事求是。

4.语言要写得坚强有力,富有感染力,充满鼓动性和号召力,催人奋进。

❦ 范文经典 ❦

范例 1　会议开始时的动员演讲致辞

在市政协 2008 年度主席学习会议上的动员讲话
——中共xx市委副书记、市政协主席xxx

同志们：

　　为了认真学习贯彻党的十七大精神,深入落实科学发展观,总结交流近年来全市政协工作的新经验,研究探讨新形势下政协工作的新思路和新举措,提高政协的履职能力和水平,经市政协主席会议决定并经市委同意,我们在xx县举办 2008 年度主席学习会。这次主席学习会的主题是:深入学习实践科学发展观,推进政协事业创新发展。下面,我讲三点意见:

　　一、认识重要意义

　　科学发展观内涵丰富、博大精深,既是科学体系又是政治信仰,既是实践升华又是理论创新,既是党建纲领又是治国方略。不断提高领导科学发展的能力是各级领导班子面临的重大任务,为此,把学习实践科学发展观、推进政协事业创新发展作为这次学习会的主题,以理论的清醒保证实践的自学,用科学发展统领政协工作实践,意义重大,且非常必要。

　　1.深入学习科学发展观,是适应新形势新任务的迫切需要。在政协工作中,队伍建设是根本,班子建设是关键。只有一流的班子,才能带出一流的队伍,创造一流的业绩。在座的都是政协系统的领导干部,肩负着深入贯彻落实党的十七大精神、在新的历史起点上开创政协事业新局面的历史重任。当前,xx市正处在负重爬坡、攻坚克难的关键时期,机遇与挑战并存,希望与困

难同在。xx市要实现党的十七大提出的"到2020年,人均国内生产总值比2000年翻两番"的目标,与全国全省同步建成全面小康社会。今后的12年里,在提高质量和效益的基础上,我市生产总值年均必须增长两位数以上,高于全国全省增幅,发展的任务很重,工作的压力很大,需要全市上下同心协力打造"一枢纽、两中心、三基地",推进跨越发展。政协承担着"议政建言、助推发展"的重任,面对新的形势、新的任务,我们要履职尽责,有为有位,最根本的就是要以科学发展观为指导,着力转变不符合、不适应科学发展观的思想观念,着力解决影响和制约科学发展的突出问题,真正把科学发展观贯彻落实到政协工作的各个方面,创造出符合党和人民要求、符合经济社会发展需要、符合政协工作发展规律的政绩,以回报党和人民。

2.深入学习科学发展观,是实现科学发展的根本要求。科学发展观,第一要义是发展,核心是以人为本,基本要求是全面协调可持续,根本方法是统筹兼顾。这四个方面相互联系,有机统一。我们深入学习科学发展观的目的,就是要从世界观和方法论的高度,全面、完整、准确地加以把握,更加自觉地把思想和行动统一到全面贯彻落实科学发展观上来,切实把科学发展观的要求转化为谋划发展的正确思路、促进发展的政策措施、领导发展的实际能力,使政协的各级领导干部,科学发展理念更加牢固,思路更加清晰,目标更加明确,真正做到在解放思想上迈出新步伐、在协力改革开放上实现新突破、在助推科学发展上取得新进展、在促进社会和谐上作出新贡献。

3.深入学习科学发展观,是提高政协履职能力的有效举措。大家知道,政协干部尤其是在座各位领导干部的理论素养、知识水平、领导能力如何,直接关系和影响到政协履行职能的水平和效果。因此,把深入学习科学发展观作为能力之本、工作之基、创新之源,不仅仅是一种修养,更是一种境界、一份责任。只有学习和掌握了解科学发展观的创新理论,才能将科学理论转化为坚定的政治信念、正确的人生信仰这一巨大的精神动力;才能更理性、更自觉、更富时代使命感和履职责任感;也才能"内化为血肉,上升为灵魂",不断提高自身素质和能力,脚踏实地地履职尽责,建言建到点子上,议政议

4

到关键处;成为学习的"示范者",指导的"明白人",践行的"带头人",在思想上"忧"起来,行动上"急"起来,作风上"实"起来,做到忠于使命、不辱使命。

二、突出学研重点

这次学习的内容有很多,但时间有限。所以,我们要围绕学习主题突出重点,着力在以下几个方面多下功夫:

1.在学深学透上下功夫。科学发展观是与时俱进的马克思主义发展观,是马克思主义中国化的最新成果,体现了马克思主义的世界观和方法论。它继承了发展是硬道理的思想,同时又强调发展是科学发展;继承了社会主义生产目的理论,提出了以人为本的发展理念;继承了两个文明一起抓,提出经济、政治、文化、社会建设全面推进的新要求;继承了讲平衡、按比例的发展经验,提出了统筹协调发展的新观念;继承了讲求效益的优良传统,提出了建设节约型社会和以自主创新求通,又要善于交流,深入研讨,深刻理解,学有深度,真正学懂弄通,掌握精神实质,把握科学内涵,在真学上增强自觉性,在真懂上增强系统性,在真信上增强坚定性,在理论上准确把握,在实践中自觉运用。

2.在提升能力上下功夫。学习实践科学发展观,是各级领导干部的必修课,学习的目的在于增强用科学发展观武装头脑、推动工作的自学性和坚定性。大家要认真学习、提升素质,尤其要努力把握"四个辩证统一":一是深刻理解发展是第一要务,准确把握发展目标的统一性和发展过程的阶段性的辩证统一,强化加快发展意识,深化对全市工作总体取向的认识;二是深刻理解全面、协调、可持续的基本要求,准确把握发展平衡与非平衡的辩证统一,正确处理"努力于快"与"服从于好"的关系,注重发展的平衡度、协调度;三是深刻理解统筹兼顾的根本方法,准确把握发展的系统性与重点性的辩证统一,深化对"一主、三化、四大战略"的跨越发展思路的认识,科学统筹经济社会协调发展,推进城乡同步发展,人与自然和谐发展;四是深刻理解以人为本的核心,准确把握人的全面发展与社会发展进步的辩证统一,更加重视保障和改善民生,促进社会和谐。学习中,大家要联系实际,着眼于解决改

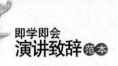

革发展稳定中的实际问题,把学习的体会和成果转化为谋划工作的思路、促进工作的举措、领导工作的本领,特别要转化为促进科学发展、构建和谐××的能力,转化为推进政协事业创新发展的能力,在真用上求实效,做学习实践科学发展观的先行者、组织者、推动者,自觉担当起加快发展、科学发展、又好又快发展的重大责任。

3.在更新观念上下功夫。解放思想是学习实践科学发展观的内在要求,是深入理解、有效实践科学发展观的必要条件。学习实践科学发展观,就意味着要开拓前进,就是解放思想、改革创新的过程,就是要冲破思想束缚,解决好用科学发展观武装头脑、引领实践、推动工作的问题。为此,我们要准确把握××发展的阶段性特征,在发展理念、发展目标、发展路径、发展体制、发展动力、发展保障上进一步解放思想,改革创新,切实把思想观念从不符合科学发展观的认识中解放出来,把认识和行动统一到科学发展观上来,以思想的大解放、观念的大转变促进××地区经济文化强市建设。结合政协实际,应在"四破四立"上着力:即破"无为"思想,立"有为"意识,摒弃政协难有作为的观念,树立有为有位、大有可为的信念,以真抓实干的履职实效赢取党政府和社会群众的认同;破"封闭"思想,立"开放"意识,消除封闭的心态,加强联谊交友,拓展对外交往,促进交流合作;破"畏难"思想,立"进取"意识,克服避难就易的情绪,知难而进,工作出新,超常付出,乐于奉献,增强履职实效;破"清闲"思想,立"爬坡"意识,防止疲沓拖拉作风,自加压力,增添动力,不断开创政协工作新局面。

4.在勇于创新上下功夫。推动政协工作创新,根源在于经济社会新的发展和政协工作新的实践的需要。进入新的历史阶段,我国的发展面临着新形势和新任务,也面对着许多新课题和新矛盾,相应地政协工作也面临着不少新的理论和实践问题,比如,如何坚持和完善中国共产党领导的多党合作和政治协商制度,坚定不移走中国特色社会主义政治发展道路;如何以科学发展统筹工作全局,为实现经济社会又好又快发展服务;如何发挥政协特点和优势,为构建和谐××服务;如何按照"四位一体"(即:促进党派合作、突出界别特色、发挥委员主体作用和加强机关建设)的要求,加强政协自身建设,推进履行三大职能的"三化"建设(即:制度化、规范化、程序化),等等,都需要我们加强学习、勇于创新、大胆探索,从理论和实践的结合上找出答案。因此,我们要坚持实事求是,与时俱进,不断推动工作理念、工作机制、工作方式的创新,尤其要主动思考推进政协工作和政协机关工作的制度化、规范化、程序化问题,使政协工作和机关工作能在规范、有序、高效的制度和机制中运行。

三、确保学习效果

这次学习会期限为 3 天,时间比较短,但是形式灵活,安排紧凑,内容丰富,具有很强的针对性和实用性。大家要以良好的学风搞好学习,确保学有所思、学有所悟、学有所获,切实解决好真学、真信、真懂、真用的问题,使我们在理论武装上有新加强,在领导水平上有新提高,在实践能力上有新进步,在推进发展上有新成效。

1.要集中精力、安心学习。当前,正值灾后重建和奥运盛会的关键时刻,任务繁重,工作繁忙,在这种背景下组织集中学习,意义重大。希望大家认真对待,珍惜时间,充分利用这次集中学习的机会,认认真真学习,安下心来思考。要通过学习,着力解决理论上、思想上、实践中遇到的一些具体问题,从而实现视野更加开阔、知识更加丰实、头脑更加清醒、宏观思维水平和工作创新能力进一步提高的目的。

2.要共同研讨,共同提高。学习重在交流。独学则无友,则孤陋寡闻。本次学习会,除视察和自学外,重点安排了集中讨论和县市区政协、专委会交流发言。近年来,大家在工作实践中,探索和积累了不少好经验,值得相互交流和借鉴,以取长补短;同时,也在实际工作中遇到了一些重大理论和实践问题,需要共同探讨解决。希望大家聚在一起多交流、多沟通,在各种意见的碰撞和交换中,发现问题,研究问题,解决问题,达到相互启发、共同提高的目的。

3.要联系实际,学以致用。道德由学而进,事业由学而成。学习中,要发

扬理论联系实际的好学风,紧密联系国际和国内的形势发展,紧密联系××贯彻落实科学发展观、建设××地区经济文化强市的新进展,紧密联系政协工作的新任务、新情况,尤其是联系自身工作和思想实际,把学理论、丰富知识与研究理论和实际问题有机地结合起来,同提高自身修养结合起来,同推动工作结合起来,不断提高自己分析问题和解决问题的能力。

4.要遵守规定,严肃纪律。纪律是效果的保证。学习会时间只有3天,短而宝贵。既然是学习会而不是休闲度假,请大家自觉遵守作息时间和工作纪律,不要迟到早退,更不能无故缺席,不假脱岗,没有非常特殊的情况,也不要请假,保证学习时间和学习效果。

最后,祝同志们在学习期间生活愉快,身体健康!预祝本次主席学习会取得圆满成功!

范 例 ② 会议结束时的总结演讲致辞

××县领导在全县思想政治工作会议上的总结讲话(摘要)

同志们:

我们这次召开的全县思想政治工作会议,是县委在跨世纪的重要历史时刻召开的一次学习会、动员会和工作部署会,是统一思想,提高认识,维护改革、发展,稳定大局,切实加强和改进思想政治工作,确保我县改革开放和现代化建设顺利进行的会议。昨天,县委书记×××同志在会上作了重要讲话,对全县思想政治工作作了重要指示。大家学习了《中共中央关于加强和改进思想政治工作的若干意见》和省委贯彻中央《若干意见》的意见,以及中央领导同志关于加强思想政治工作的一系列重要指示精神,认真总结经验,分析形势,部署了我县思想政治工作。希望同志们很好地领会这次会议精神,认真贯彻落实。现在,我利用这个机会进行会议总结。

一、会议的主要特点和收获

这次全县思想政治工作会议主题鲜明,内容丰富,是一次认清形势、明确任务、振奋精神、坚定信心、团结奋斗的会议。这次会议有这么几个主要特点:

1.这次会议是在全党大力加强和改进思想政治工作的新形势下召开的。

2.这次会议是在×××同志对宣传思想工作的精神文明建设做出重要指示的情况下召开的。

3.这次会议是在新千年的起点,在承前启后、继往开来的重要历史时刻召开的。

4.这次会议是在我县各项工作都已取得实质性进步的情况下召开的。

这次会议,时间虽短,但内容十分丰富。大家通过学习讨论×××同志的重要指示和中央领导同志的重要讲话精神,以及××书记的重要报告,学习、讨论中央和省委关于加强和改进思想政治工作的有关文件,有以下主要收获:

1.认清了形势,统一了思想,进一步增强了做好思想政治工作的紧迫感。

2.提高了认识,进一步认清了思想政治工作的重要地位和作用。

3.明确了任务,进一步增强了做好思想政治工作的责任感。

4.总结了经验,交流了体会,进一步树立了做好思想政治工作的信心和决心。

与此同时,同志们也清醒地看到,当前,我县思想政治工作还存在许多薄弱环节,需要引起我们的高度重视,并认真加以解决。

二、加强和改进我县的思想政治工作必须强调的几大问题

关于如何加强和改进我县的思想政治工作,县委《关于贯彻〈中共中央关于加强和改进思想政治工作的若干意见〉的意见》作出了明确的规定,×××书记的报告作了深入的分析和全面的部署。我们要抓好落实。去年底,根据县委的指示,县委宣传部分别组织了三个调研组,到全县各地城镇、企业、学

校、农村,对思想政治工作情况进行了深入细致的调查研究;今年年初,县委还分别召开了社科界、教育界、企业界、工会、共青团、妇联等单位的座谈会,广泛了解情况,征集各方意见,掌握了我县思想政治工作的第一手材料,分析了现状和存在的问题,研究了对策。在这里,我就今后加强和改进我县的思想政治工作,再强调几点。

1.针对当前的复杂形势和艰巨任务,必须提高对思想政治工作"重中之重"的认识,增强政治责任感。

2.针对如何掌握社会思想政治动向的问题,必须加强调查研究,打好主动仗。

3.针对当前一部分人理想信念动摇的问题,必须抓好思想教育,坚定理想信念。

(1)深入进行邓小平理论和党的基本路线、基本纲领的教育。

(2)深入进行马克思主义的唯物论、无神论教育和科学精神的教育。

(3)坚持不懈地开展"三讲"教育,发挥党员领导干部的表率作用。

(4)加强拒腐防变、廉洁从政教育。

(5)加强形势政策教育、民族团结教育、民主法制教育和维护稳定的宣传教育。

(6)加强以为人民服务为核心、以集体主义为原则的社会主义道德教育。

4.针对思想政治工作中的薄弱环节,必须改进方法,增强实效性。

(1)要转变观念,优化手段。

(2)要加强阵地建设。

(3)要扩大思想政治工作覆盖面。

(4)要树立群众观点,切实解决群众关心的实际问题。

(5)针对基层政工队伍整体素质较低的问题,必须加强队伍建设,提高战斗力。

要把思想政治建设放在首位,提高思想政治素质;要加强党的方针政策和业务知识的学习培训,增强工作本领;要加强作风建设;各级党委政府要从政治上、思想上、工作生活上关心政工队伍。

三、认真贯彻会议精神，把思想政治工作各项任务落到实处

加强和改进思想政治工作，是今年乃至今后全党工作的一件大事。我们这次会议，认真贯彻了中共中央《关于加强和改进思想政治工作的若干意见》和江泽民同志的重要批示精神，对加强和改进我县的思想政治工作进行了部署，体现了县委对思想政治工作的高度重视和加强思想政治工作的坚定决心。我们要以会议精神为指导，统一思想，明确任务，扎扎实实地做好各项工作，努力开创我县思想政治工作新局面。下面，我就贯彻这次会议精神，提几点要求：

1.加强领导，切实把思想政治工作摆到重要位置。

2.健全机制，真正把思想政治工作落到实处。

(1)建立《思想政治工作领导责任制度》。

(2)建立《思想政治工作县委书记、县长、乡镇书记、镇长例会制度》。

(3)建立《思想政治工作联席会议制度》。

(4)建立《思想政治工作督查制度》。

(5)建立《思想政治工作决策咨询制度》。

3.加大投入，为思想政治工作提供有力保障。

(1)必须保证宣传部门、政工部门有足够的业务经费和活动经费，保证业务工作及重要活动的正常开展。

(2)必须加大对宣传文化、思想教育设施的投入。

(3)必须落实和完善文化经济政策。

会议结束后，各级党委、政府要贯彻落实好会议精神。要组织广大干部群众深入学习江泽民同志对思想政治工作和精神文明建设的重要指示精神，深入学习《中共中央关于加强和改进思想政治工作的若干意见》、县委的贯彻《意见》以及×××书记在会议上的重要讲话精神，进一步提高认识，明确任务，统一思想，在全县上下形成加强和改进思想政治工作的良好氛围。各乡镇、各单位要结合这次会议精神，在深入调查研究的基础上，制定出把思

想政治工作做到基层、落到实处的具有操作性的具体措施和办法,确保会议提出的各项任务——落到实处,取得实效。有关贯彻会议精神的具体情况,包括制定的上述各种"制度"、加大投入的"具体措施"。各乡镇、县直各部门要以文件形式上报县委。

第二节　工作会议主体演讲致辞

❦ 撰写要领 ❧

一、工作会议主体演讲稿的概述

1.动员性工作会议演讲稿

动员性讲话，是指领导干部为了完成某项重大任务或突击性工作任务，对相关人员进行宣传、发动，鼓励他们迅速行动起来，抓紧时间，努力完成既定的奋斗目标时所作的讲话。

2.传达性工作会议演讲稿

传达性工作会议讲话，是指领导干部传达某次会议或上级指示精神的讲话。

3.表彰性工作会议演讲稿

表彰性会议讲话，是指领导干部在表彰集体或个人作出优秀成绩、突出贡献、先进事迹的会议上所作的讲话。

4.部署性工作会议演讲稿

部署性工作会议讲话，是指领导干部对某项工作进行部署的发言或讲话。

5.总结性工作会议演讲稿

工作总结讲话，是指领导干部对某一时期工作或某项工作实践情况，进行全面系统检查、分析、研究，并作出总评价的一种讲话形式。

6.督查性工作会议演讲稿

督查性工作会议讲话,是指领导干部在督促检查重大决策和重要工作部署落实情况时发表的讲话。

二、工作会议主体演讲稿的写作要领

1.动员性工作会议演讲稿

(1)这类演讲稿的内容主旨要写得鲜明,工作任务要写得明确,有指挥性和针对性,做到有的放矢。

(2)层次清楚,逻辑结构严谨,有可操作性和条理性。

(3)整个演讲稿的语言要写得通俗、朴素、生动,句式要简短,要富有说服力、鼓动性和号召力,给人以信心和力量。

2.传达性工作会议演讲稿

(1)对涉及时间、地点、人员、数据、事实等具体问题和政策、决策、措施的具体要求,一定要写得准确无误。

(2)演讲稿的内容要有针对性,既要正确传达文件或会议的主要精神,又要结合本地实际情况。

(3)整个演讲稿的语言要活泼、生动,条理清晰,通俗易懂。

3.表彰性工作会议演讲稿

(1)这类演讲稿的内容要充分展示出被表彰、表扬者的可贵之处,要抓住本质的、最能教育人的方面来写。

(2)对表扬和赞颂的话,要写得准确实在。文字要朴素、简洁,言辞热烈。

4.部署性工作会议演讲稿

(1)要对提出的口号及政策进行核实。

(2)对布置的任务及要求注意其准确性和可操作性,要写得全面、翔实。

(3)文字表述上要注意逻辑性和严密性,语言表达要清晰,写得准确、明确。

5.总结性工作会议演讲稿

(1)坚持实事求是,认真对待成绩和不足。

(2)要站在现实的角度来写,提炼出具有现实意义的经验,使听众有新鲜的启发和教益。

（3）要注意突出重点，避免面面俱到。

（4）对总结出来的工作经验要写得有针对性、指导性。

（5）文字要精炼，语言要有号召性。

6.督查性工作会议演讲稿

（1）演讲稿的内容要客观，实事求是，注意用事实说话。

（2）对于工作的要求要写得明确，采取哪些措施要写得具体，具有可操作性；语言要刚强有力，以增强贯彻落实的坚定性。

范文经典

范例 1　动员性工作会议演讲致辞

在全市纠风工作动员大会上的讲话

×××

（20××年×月×日）

同志们：

今天，我们在这里召开市政府系统纠风工作会议，目的是认真贯彻落实国务院、自治区、自治州廉政工作会议和中央、区、州纪委会议精神，对全市政府系统的纠风工作作具体安排部署，切实加强政府自身建设，创优投资与发展环境，加快经济发展。下面我讲几点意见：

一、统一思想，提高认识，进一步增强做好纠风工作的责任感和紧迫感

纠风工作是政府通过社会监督，依法规范行政行为，切实加强政府自身建设的一项重要工作。去年以来，市人民政府按照国务院、区、州党委、政府的要求，坚持标本兼治、纠建并举的方针，在思想教育、自查自纠、整改树形、建章立制等方面做了大量的工作，规范了行风评议的工作程序，在狠抓医药

购销、减轻企业和农牧民负担、创建行业建设先进单位和纠风示范窗口等专项治理工作方面取得了明显成效,尤其是在转变政府职能、规范行政行为方面实施了许多新的办法和举措,实行了重大问题集体决策制、政府部门工作评议制等制度,增强了政府工作的透明度,体现了政府公开、公平、公正的办事原则,树立了良好的政府形象。但是,我们必须清醒地认识到,距离建设一个高效、廉洁、务实政府的要求,我们的工作还存在着一些不容忽视的问题。

一是个别部门对纠风工作的认识不足,认为行风评议可有可无,没有从本质上认识监督与被监督的关系和作用,而是被动地接受监督,在纠正行业风气上仅做一些表面文章,工作应付了事,使纠风工作未能真正发挥应有的作用。

二是个别评议人员对全局工作重点把握不够,对部门工作的了解不够深入,行风评议还停留在比较浅的层面上,评价失之于客观公正,未能发挥真正的监督作用。

三是"老好人"思想比较严重,大都喜欢栽花,不愿栽刺,个别部门领导不能坚持原则,没有"是非"观念,立场不够坚定,奉行"好人"主义,凡事息事宁人,缺乏应有的政治觉悟和责任感。

四是工作落实难的问题依然十分突出,个别部门只注重喊空口号、摆花架子,抓落实的意识太弱、太差,工作作风心浮气躁、华而不实,缺乏求真务实、真抓实干的精神。

五是个别机关工作人员廉洁自律不够,以权谋私、吃拿卡要的问题在一定范围仍然存在。年初以来,国务院、自治区、自治州人民政府相继召开了廉政工作会议,反复强调要求真务实,勤政廉政,把最大限度地维护人民群众的根本利益放在首要位置抓紧抓好。全市上下要高度统一思想,提高认识,真正把纠风工作作为树立政府良好形象的重要工作,增强责任感和紧迫感,以纠风的工作实效取信于人民群众、服务于经济建设。

二、突出重点,狠抓落实,以纠风工作的实效树立政府良好形象

抓好今年的纠风工作,要按照国家、区、州的要求,把解决损害群众利益的突出问题作为重点,结合全市实际情况,有针对性地开展工作,重点要结合招商引资、城市建设、增加农民收入等方面,大力发展城市经济,按照"工业立市、工业强市"的目标,促进国民经济快速发展,在国民经济中要重点突出城市经济,在农村经济中要突出畜牧业这个主线,不断加大工作力度,狠抓工作落实。

一要围绕招商引资抓纠风。招商引资是我们加快城市经济发展的重中之重,xx市是典型的投资拉动型经济,没有投资就没有产出,就谈不上发展。招商引资是获取投入的最有效途径,招商引资的加快推进必须依靠良好的投资与发展环境。去年我们在政府部门推行了双目标考核制和服务承诺制,今年我们把招商引资也单独提出来,实行百分制考核,并同干部任用结合起来,抓好落实,要把各部门对社会的服务承诺作为行风评议的重点,严肃处理诺而不践的现象。各部门要通过服务来体现良好的工作作风,着眼大局,规范行为,着力营造公开、公正的发展环境。要把招商引资作为检验我们服务水平的有效手段,把投资者当做政府的义务行风评议员,在全社会形成尊重投资者、保护投资者、支持投资者的良好氛围。要以良好的投资环境进行招商,以诚信的态度对待客商,服务于投资者。要对那些置大局于不顾,破坏环境,影响全市招商引资、经济发展的部门和工作人员坚决予以严肃处理。

二要围绕城市建设抓纠风。去年以来,我市大力实施城市群发展战略,扩张新区、优化旧区,城市建设得到了长足发展。与此同时,城市征地、拆迁、管理等问题也逐步显现,使城市的发展面临很大的困难。今年中央要求要把保护人民群众的根本利益作为首要任务,在新的形势下,我们要不断创新思路,以求真务实的精神,积极稳妥地做好城市大发展中的征地、拆迁和管理工作。要以是否保护好人民群众的根本利益为标准,重点抓好规范征地程序、及时兑现征地拆迁补偿款、杜绝拖欠民工工资等工作。要坚持公开、公正、公平的原则,逐步推行城市管理综合执法,提高管理水平,创优城市投资发展环境。

三要围绕农民增收抓纠风。解决农业问题重点在于农业机械化、产业化,

解决农村问题重点在于城镇化和工业化，解决农民问题的重点是知识化、专业化和提高农民的素质，农业农村工作的核心在于农民增收。中央1号文件把增加农民收入作为今年工作的重中之重，我市于上周迅速召开了农业农村工作会议，对增加农民收入工作做了具体部署。涉农部门和全市各有关部门要真正拿出实招，认真抓好落实，要重点围绕产业化、结构调整、劳动力转移、小城镇建设等工作，把农业工作人员、科技人员是否深入一线，最大限度地帮助农民致富作为行风评价的标准，以多种手段和措施促使农民增收。要结合农村税费改革，进一步做好减轻农民负担工作，规范农业税费征管，加强筹资筹劳管理，坚决制止在规定之外进行任何形式的摊派和收费。

四要围绕贯彻实施《行政许可法》抓纠风。《行政许可法》将于今年7月1日起施行，这是一部规范政府行为的重要法律，是对现行行政审批制度的重大改革和创新，对进一步深化行政管理体制改革，促进政府转变职能，提高依法行政水平，从源头上预防和治理腐败，都将产生积极的推动作用。前不久召开的×届人民政府第×次全体（扩大）会议上，对这部法律的意义、内容和目的已进行了详细说明。当前，要抓紧做好实施前的各项准备工作，切实组织好学习、宣传、培训工作，做好行政许可事项和行政许可实施主体的清理规范，加强与行政许可法相配套的制度建设，建立健全对行政机关行政许可的监督检查制度，使"有权必有责、有权受监督、侵权须赔偿"的依法行政体系落到实处。

三、加强领导，明确责任，切实抓好政府廉政建设

全市要以纠风工作为切入点，全面抓好政府廉政建设。

一要加强领导、明确责任。各乡镇、各部门行政一把手要强化"第一责任人"意识，按照"谁分管，谁负责"的原则抓好对纠风工作的组织协调和指导。各乡镇、各部门的主要领导要切实对本乡镇、本部门的廉政和纠风工作负起全面领导责任，坚持"一把手"负总责和"一岗双责"，确保责任落实到人。要将领导干部执行责任制情况作为业绩评定、奖励惩处、选拔任用的重要依据，严格进行责任追究。对那些领导不力，甚至不抓不管，导致不正之风长期得

不到解决,屡屡出现重大腐败问题的单位,要坚决依据有关规定追究主要领导的责任。

二要加强教育、勤俭节约。只有思想上立党为公,才能在行动上做到执政为民。全市要始终把加强干部的思想教育摆在十分重要的位置,深入开展"三个代表"重要思想和党的十六大、十六届三中全会精神学习,牢记"立党为公、执政为民"的本质要求,牢固树立群众观点和公仆意识,增强弘扬求真务实作风的自觉性,坚决克服作风漂浮、心态浮躁的不良风气。要牢固树立艰苦奋斗的作风,勤俭节约办一些事业,加大财政增收节支,千方百计增加财政收入,缩减开支比例,要通过纪检监察、审计和社会方方面面的监督管理,把有限的财力、物力用在人民群众最迫切需要解决的问题上,用在推进改革发展稳定工作等最关键的事情上。

三要真抓实干、创新机制。要以求真务实的工作作风,坚持科学的发展观,树立正确的权力观和政绩观,把最大限度地维护广大人民群众的根本利益作为首要任务,坚决杜绝部门利益至上的观念,摆正位置,尽好职责。要大力破除"老好人"的思想,以对政府、对人民高度负责的精神,说实话、干实事、出实招、求实效,正确地使用权力,以工作实效取信于民,全心全意为人民群众谋利益。创新机制是我们工作的不竭动力,去年我们实行了重大问题集体决策制,实现了政府管理机制的重大创新,经过一年的实践证明,正是建立了这样一个制度,才使政府工作规范有序进行,为经济社会发展营造了一个公开、公正的环境和平台。从国家大的形势来看,无论是土地市场清理整顿,还是纠正行业不正之风,这个制度都及时地避免了我们每一个干部犯错误。真正起到了保护干部、促进发展的目的,可以实事求是地说,我们这个制度的施行是与中央求真务实的精神实质相一致的,××市已经做得很超前,今后要更加坚持不懈地强化这个制度。今年,我们将坚持"谁分管,谁负责"的原则,严格按照政府程序办事,真正体现效率与规范的统一。

没有约束的权力最终会导致腐败,行风评议是重要的社会监督手段,是政府加强廉政建设的重要措施,这项工作量大面广,全社会都要积极支持配

合。特别需要强调的是，今天聘请的行风评议员都是市人民政府经过严格把关聘请的，都是政治素质、业务素质、道德素质很高的人员，他们中有的是退休的老同志，有的是在岗兼职人员，都是以强烈的责任感，真心实意帮助我们更好地开展工作的。各乡镇、各部门都要给予充分理解和支持，对他们要从政治上关心、工作上支持、生活上照顾，使他们安心搞好纠风工作。需要说明的是，行风评议员不仅仅是对重点评议单位进行监督，市人民政府还赋予他们对全市各乡镇、各部门的监督权，希望评议员们大胆开展工作，敢于建言献策，和市人民政府共同把这项工作不断推向深入。行风评议员自身还要不断增强综合素质，自觉融入全市经济社会发展，以对政府高度负责的精神反映社会的呼声，客观真实地反映各部门存在的问题，努力开创纠风工作的新局面。

同志们，做好纠风工作，任务繁重，意义重大。我们要认真按照这次会议的要求，求真务实，扎实工作，开拓进取，争创一流，努力取得纠风工作的新成效，为加快推进全市经济社会发展作出应有的努力。

谢谢大家！

范例 2　传达性工作会议演讲致辞

在传达中央企业负责人会议精神上的讲话
书记×××

一、机关各部门都要高度重视对中央企业负责人会议精神的学习贯彻

××副总理作了重要讲话，××主任、××书记作了工作报告，深刻阐述了党的十六届三中全会、四中全会和中央经济工作会议精神，对中央企业明年如何深化改革，如何落实科学发展观、做强做大，对中央企业当前需要把握和重视的一些重大问题，做了明确的部署，今天这个传达是初步的，三份文件要印发总公司领导和机关各个部门。总公司领导要认真阅读学习这三份文件。机关各个部门,都要由部门主要领导主持,下周拿出专门时间,组织部门全体职工,认认真真地学习讨论这三份文件,传达今天的会议精神。要深刻理解领会中央企业负责人会议精神,把明年中央、国务院、国资委对中央企业改革发展的重大部署要求搞清楚。要客观分析我们总公司当前面临的形势,实事求是总结今年的工作,尤其是注意分析我们工作中存在的差距和不足,重点研究明年的工作,行政部门报办公室,党群部门报党委办公室。

二、关于贯彻会议精神的几个重大具体问题

1.关于分离办社会负担问题。中央企业分离办社会负担问题,国务院已初步确定在明年全面启动,具体方案已由财政部和国资委联合上报国务院,准备以国务院办公厅名义正式印发。据说,国家财政可能会拿出一部分资金来解决这个问题。这对我们××来说,是一个机遇,我们要抓住这个机遇,全面分离企业办学校、办医院这些社会职能。要由企管部牵头,会同财务部、劳动部、人事部、教卫部等部门,认真做好人员编制、经费核实、资产清查等前期工作、基础工作。

2.关于解决东北厂办大集体问题。××副总经理在讲话中说,13日上午中央政治局常委会议决定,拿×个亿解决东北大集体问题。这一历史遗留问题要利用中央的政策、利用中央统一解决东北大集体的机会,解决好这一万多人的问题。从长远看,对我们改革发展稳定有利,是我们××的一个机遇,不要失去这个机遇。今天上午,我为此事专门给国资委××副主任打了个电话,作了汇报,请他一定记住纳入进去。分配局主管此事,由劳资部牵头,会同企管部,积极向分配局反映,一定要纳入解决问题的盘子中去,要搭上这班车。

3.关于确定总公司系统的主业问题。国资委已经公布了第一批49家中央企业的主业,包括××。下一步国资委要研究确定公布第二批中央企业的主业。主业怎样确定,对于××系统当前和未来改革发展影响重大。这是我们战略管理中的一件大事,我们要重视。××同志在分管这项工作,统计部具体负责,会同有关部门来研究提出总公司的主业方案,提交党政领导干部联席会

议或者办公会来审定,然后向国资委汇报。要明确一个目标:进入第二批国资委公布的中央企业主业目录。要深入研究什么是我们的主业。对于一个大的集团而言,主业并非是单一的业务,而是一组业务的集合。当然主业也不能太多,主业之间关联度要强。

4.要以四中全会决定和中办发[2004]31号文件为指导,修改好总公司的两个文件。一个是贯彻中组部、国资委党委关于加强和改进中央企业党的建设工作的指导意见,组织部负责,第二个是修改好人才工作的决定,人事部负责。在修改文件的基础上,提交党委扩大会议来审定。

5.积极做好保持共产党员先进性教育活动的准备工作。总公司是第一批,明年一季度肯定要进行。这是中央的一个重大决策,是贯彻四中全会精神的一个重大举措。我们要很重视,今年下半年以来,全系统各级党委和组织部门做了大量准备工作。由组织部依据中央和国资委的要求,结合我们的实际,在12月份之内,提出一个开展保持共产党员先进性教育活动的初步方案。国资委党委对这70户企业还要专门召开会议部署,部署之后进行修改调整,然后提请总公司党委审定。

6.安排好困难企业、困难职工的生活。今年"送温暖"活动要做一些改进,从总公司工会到各单位工会要把本单位的特困户有几户、每户特困户形成的主要原因是什么搞清楚。今年从总公司到各单位要加大筹措资金的力度,把特困户的问题解决好。

7.两节期间强调"两个务必"。今年以来,我们针对重大问题开了些会议,包括在××召开的主辅分离会议、在××召开的资本经营会议,这些会议都带有现场会的性质。特别是在××的××工程快竣工了,各局的主要领导同志有些没有去过,希望看一看。今年我们不少会议都在外地开。总公司近年来有个很好的传统和规定,除了现场会以外,一般会议不在外地开。要坚持这个很好的传统。除了现场会之外,其他会议不要到外地去开,到现场去开增加现场的负担,也增加我们的管理成本。(略)

范例③ 表彰性工作会议演讲致辞

×××在全省工作总结表彰会议上的讲话

×××× 年 × 月 × 日

同志们：

今天，我们在这里隆重召开全省药械安全性监测工作总结表彰会议。首先，对省卫生厅×××副厅长、×××处长百忙之中参加这次会议表示欢迎和衷心的感谢！向获得表彰的先进集体和先进个人表示热烈的祝贺！

药品和医疗器械安全是百姓关心、社会关注的热点和焦点问题，是人民群众最直接、最现实的利益所在。胡锦涛总书记在十七大报告中明确提出要"确保食品药品安全"，温家宝总理在《2010年政府工作报告》中指出要"加强食品药品质量监管，做好安全生产工作，遏制重特大事故发生"。省委省政府历来高度重视药品安全问题，对加强监管、确保安全做出了一系列重要部署，提出了明确要求。加强药械安全性监测工作，是深入贯彻党的十七大精神，坚持科学发展观，构建和谐社会的必然要求；是解决民生问题，保护公众生命健康和安全，促进经济社会又好又快发展的重要措施，有着重要的政治意义和社会意义。

几年来，全省各级食品药品监督管理、卫生行政部门和药械安全监测机构认真贯彻党的十七大精神，落实省政府、国家局、卫生部、省局和省卫生厅的一系列工作部署，认真履行职责，加强合作，密切配合，开拓进取，狠抓落实，药品不良反应和医疗器械不良事件监测工作成效明显。不良事件信息的发现能力大大提高，上报药品不良反应报告连续五年居全国第一，20××年医疗器械不良事件报告也跃居全国首位。通过开展深入细致的宣传培训，社会对药械安全性的重视程度日益提高，营造了共同关注药械安全的良好氛围。在工作中，全省各级监测机构及时发现了多起群发、严重药械不良事件，经

过高效协调、严格审核、快速报告、有效控制,既发现了问题,又进行了妥善处置,一方面防范了问题产品继续危害公众健康,另一方面又维护了社会稳定。药械安全性监测战线的同志们不畏艰难,默默奉献,扎实努力,为全省的工作争得了荣誉,更重要的是为药械的安全监管提供了技术支撑,为临床安全合理使用药械提供了大量有价值的信息和服务,为人民群众防病治病和身体健康作出了积极贡献。安全性监测是一项繁杂枯燥的工作。没有人做不行。有人做,眼高手低也不行。它需要一大批政治素质高,事业心强,懂专业、会收集、善分析,头脑敏锐、思路清晰的同志来承担,我们的工作之所以取得在全国这样的好成绩,也正是因为我们建立并发展了这样一支好队伍,大家用实际行动彰显了为人民服务的理念。在这里,我代表省局向你们并通过你们向辛勤工作在药械安全性监测工作战线上的同志们表示亲切的慰问和衷心的感谢!

我国食品药品监管体制经过多年的改革与发展,监管措施不断规范,监管手段日渐完善,管理能力和水平不断提高,为公众健康提供了坚强保障。但同时也要清醒地看到,我们面临的药品和医疗器械安全监管形势仍较严峻,处在风险高发期和矛盾凸显期,应对和防控药械安全风险仍然是一项艰巨而复杂的重要任务,监管基础和能力相对薄弱、产业发展结构性矛盾突出、监管机构改革等因素的影响,使药械安全监管面临巨大挑战。药械安全性监测作为国际通行的有效监管措施,对于我们应对目前的风险形势具有极为重要的意义。在全国食品药品监督管理工作会议上,国家局领导明确要求将药品不良反应监测和医疗器械不良事件监测作为药品和医疗器械监管的日常工作,重点落实。根据国务院医改工作的总体部署,国家局今年要着力推进省级以下药品不良反应监测体系建设。因此,药械安全性监测工作面临前所未有的发展机遇。全省尤其是各市局的主要领导,要进一步提高对药械安全性监测工作的认识水平和重视程度,切实将其作为日常监管工作的重要内容,常抓不懈。通过不断完善监测技术支撑体系,做到及时发现药械不安全因素,开展风险分析评价并做出预测,对可能发生和可以预警的突发事件及时预警。要抓住机构改革和医改工作的有利时机,推进药械安全性监测机构的建设,培育技术骨干,为更好地做好药械安全监管打造技术支撑平台。

今年是食品药品监管新体制运行第一年,也是全面履行新职责的开局之年,做好今年的食品药品安全监管工作意义十分重大。明天,各市局分管局长和今天会议的部分代表还要参加全省药品安全监管工作会议。新的一年,全省药品安全监管工作任务非常艰巨,我们和监管相对人都面临新修订药品 GMP 颁布实施,《药品生产许可证》和《医疗机构制剂许可证》集中换发,基本药物工艺和处方核查、中药注射剂再评价等多项重点工作,不仅政策性强,技术要求高,而且时间紧、任务重。这些工作都与安全性监测有着密不可分的联系,实际上也是对安全性监测工作提出了新的、更高的要求。在工作实践中,只要我们多一份事业心和责任感,让药械安全与风险早一点被发现和防范,使之得到有效控制,人民群众就少一份危害,多一份安全,社会就多一份和谐与稳定。大家一定要切实增强政治意识、大局意识和责任意识,切实增强做好药械安全性监测工作的紧迫感和使命感,周密思考,科学筹划,主动作为,迎难而上,分解细化任务,加强监督检查,严格落实责任,以保证药械质量安全为中心,扎实推进各项重点监管任务和药品安全专项整治工作,进一步强化对高风险药械和基本药物的监管,不断完善和探索建立健全确保药械安全监管长效机制,全面提升药械安全监管能力和保障水平,切实保障药械质量安全。

同志们,全国"两会"刚刚结束,民生问题成为社会各界关注的焦点。这也是新时期食品药品监管工作的重要方向。作为承担人民群众饮食用药安全监管部门,使命光荣,任务艰巨,责任重大。各级食品药品监管部门和药械安全性监测机构,要统一思想,提高认识,明确具体目标,确定任务方案,狠抓工作落实,与卫生行政部门以及各有关单位一起,不断加强药械安全性监测,提高药械安全监管水平,为保障公众用药用械安全,为社会主义和谐社会建设作出新的、更大的贡献。

谢谢大家!

范例 4　部署性工作会议演讲致辞

在镇党委换届选举部署工作会议上的讲话

同志们：

根据省、市、区委关于乡镇党委换届选举的总体安排部署，我镇党委、纪委换届选举工作从今天开始全面展开。这次换届选举工作是《党章》修改后农村基层党组织的首次换届选举，又是全区乡镇换届党委委员候选人实行"公开推荐"的初次尝试，工作要求高、难度大、任务重。稍后，区委×××书记就我镇党委换届"公开推荐"工作还要做重要指示。下面，我就如何做好党委换届工作，讲几点意见：

一、统一思想，提高认识，增强党委换届选举工作的责任感和使命感

这次党委换届，是在全面建设小康社会的关键时期进行的，事关全镇发展大局。换届成否，直接关系到我镇"十一五"规划的顺利实施。为此，大家要进一步统一思想、提高认识，思想围绕换届转、工作围绕换届干，切实做好换届选举工作的责任感和紧迫感。

1.做好党委换届选举工作，是加快新农村建设进程的根本保证。党委班子和领导干部是建设新农村的带头人和骨干力量。其政治思想觉悟的高低和带领农民致富能力的强弱，对于落实"三个代表"要求，实现全镇确定的各项工作目标，确保农业增产和农民增收至关重要。通过换届选举，选出能够团结、组织和带领广大群众改革创新、开拓进取的党委班子，选出政治素质好、思想道德和文化素质高的党委班子，选出群众拥护、能够代表民心民意的党委班子，才能更好地实现、维护和发展最广大人民群众的根本利益，顺利实现"十一五"规划，稳步推进社会主义新农村建设进程，造福一方。因此，把党委换届选举摆上议事日程,抓实抓好,是当前工作的重中之重。

2.做好乡镇党委换届选举工作,是加强基层民主政治建设的又一深化。乡镇党委是党在农村的基层组织,处于领导核心地位。党委换届选举,不仅是党委班子成员的更替,也是党内民主在农村最广泛的实践活动,对于推动农村基层政治生活的民主化、制度化具有重要的现实意义。召开党代会和党员大会进行换届选举,组织广大党员参与党内事务,行使民主权利,是党内民主的有效实现形式,也是疏通民主渠道、推进基层民主政治建设的前提和基础。要通过这次选举,使广大党员更加珍惜而且也更加懂得如何行使自己的民主权利,以党内民主推进人民民主,激发和调动人民群众参与民主政治的热情。不断推进农村基层民主政治进程,巩固党在农村的执政基础。

3.做好乡镇党委换届选举工作,是加强农村基层组织建设的迫切需要。乡镇党委是乡镇各项工作的领导核心,是农村基层组织的"龙头"。担负着直接联系群众、宣传群众、组织群众、团结群众,把党的路线方针政策落实到基层的重要责任。只有做好党委换届选举工作,不断加强我镇基层组织建设,用好的班子凝聚民心,用好的班子提升人气,才能保持全镇社会稳定,推动全镇经济社会健康、协调、快速发展,才能实现全镇全面建设小康社会的宏伟目标。因此,我们必须站在全局的高度,认真做好党委换届选举工作,进一步加强我镇基层组织建设,为××的大发展、快发展选好"龙头",创造好团结、民主、和谐的政治环境。

二、把握环节,严格程序,稳步推进镇党委换届选举各项工作

与以往相比,这次乡镇党委换届有许多新的特点:一是换届时间处于农忙季节,为组织工作带来新难度;二是推行党委委员候选人"公推"工作,为换届选举提出了新的要求;三是换届面临新形势、新任务,具有更加重要的现实意义和深远的历史意义;四是广大干部群众对建设社会主义新农村的期望高、愿望大,为换届工作赋予了新的时代色彩。这就要求我们在这次乡镇党委换届选举工作中高度重视此项工作,紧扣区委部署,广泛深入动员,严格程序要求,把握关键环节,使换届选举工作有条不紊地开展,圆满完成

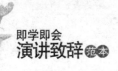
各项工作任务。具体来说,要注意以下几点:

1.宣传动员做到"深"。要加大宣传力度,强化正确引导,激发党员参与热情。营造浓厚的舆论氛围,为换届选举工作务实牢固的思想基础。一要全方位宣传。今天会议之后,在座各位就是镇党委换届的宣传员,要采取多种方式,广泛宣传乡镇党委换届工作的目的、意义、程序、方法、要求和纪律,特别是要广泛宣传乡镇党委换届候选人"公推"的重大意义和程序要求,宣传各乡镇"十五"时期的成就,为换届工作营造浓厚的氛围。二要分层次动员。各党支部(总支)要分别召开支委会、党小组长会、党员大会,有针对性地做好思想工作,引导广大党员正确面对换届选举,激发党员群众参与换届选举工作的热情。三要多途径引导。镇党委换届联络组干部、联系村干部,特别是新到任的乡镇领导干部要深入党员群众中,深入到田间地头,采取召开座谈会、上门走访、个别谈心等方式,与基层党员群众广泛接触,广泛交流,广泛沟通,准确掌握他们的思想动态,有针对性地做好宣传解释工作,纠正认识偏差,引导党员群众以高度的政治责任感参与到换届选举中来。

2.环节操作做到"紧"。这次党委换届工作,党委委员候选人初步人选的提名,实行公开推荐。这一环节是党委换届工作中最重要且难度最大的一个环节,我们必须认真分析每个细节,不漏环节、不落进度、不出偏差,确保"公推"工作的正确方向。

一是严把"公推"人选报名关。报名工作是整个"公开推荐"工作的基础性环节和关键环节。要求各党支部全面做好换届"公推"的宣传工作,既要做方法程序的宣传工作,又要做合适人选的宣传工作,根据委员候选人的基本条件,动员广大党员慎重考虑,积极参与,向组织推荐优秀人才,为选好人、选准人提供依据。

二是严格"公推"各个环节。在联名提名党委委员的人数上要把关,原则上联名人数不得少于10人;在会议参会人员要求上,镇公开推荐大会日期确定后,各党支部要按党员参会率必须达到五分之四的要求,加大动员力度,做好组织工作,及时地通知到每一个党员,尽可能将外出党员想方设法逐人召回,对年老体弱但还能行走的党员支部要安排专人负责接送,确保党员的参会率。因故不能出席会议的党员或党员代表,不能委托他人代投票,也不能以电话或信函的方式进行投票(这一点,必须向外出无法归来和久病卧床不起的党员讲清楚);没有书写能力的党员,可由本人当场委托其他党员或者大会工作人员中的非候选人,按选举人的意志代为填写,选票由委托人自己投入票箱。

三是符合"公推"结果要求。公推结果上要贯彻区委意图,下要体现群众意愿。各党支部(总支)要认真深入地做好前期工作,及时掌握党员的思想动态,坚持组织意图与群众意愿相统一,既要把组织选任下派的党员领导干部选进去,又要使基层突出的结构优化合理,更加符合时代要求。

3.政策把握做到"准"。这次换届成功与否,关键在于我们能否吃透政策,把握政策,保证选举工作的合法和规范。在工作中,我们一定要把握好区委的政策要求,把工作做细、做实。要坚持标准,照章依法,认真选好党代表。各党支部要坚持先进性,注意广泛性,精心做好党代表选举工作,真正选出那些具有较高的政治理论水平和议政议事能力、坚持党性原则、认真履行职责、正确行使权力、在工作中起表率作用的优秀党员。

范 例 5　总结性工作会议演讲致辞

在开发区年终总结会议上的讲话

同志们:

今天召开开发区机关总结表彰大会,主要是通过总结经验、表彰先进,进一步认清形势,把握机遇,统一思想,确保开发区新的一年有新的发展。下面,我代表党委和管委会总结过去一年来开发区工作的情况。

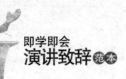

20××年,我们开发区面对国家宏观调控和生产要素严重短缺等不利因素,在党委、管委会的统一领导和全体干部职工的共同努力下,创新思路、攻坚克难、奋发进取,经济建设和社会各项事业取得了一定的成绩。全年完成工业总产值××亿元,同比增长百分之××;利税达××亿元,同比增长百分之××;完成技改投入××亿元,同比增长百分之××;出口交货值达××亿元,同比增长百分之××;其中自营出口达××万美元,同比增长百分之××。新批外资项目××个,总投资××亿美元,注册资本达××亿美元,合同利用外资××亿美元,同比增长百分之××;实到外资××万美元,同比增长百分之××;引进区外内资××亿元,同比增长百分之××。回顾20××年的工作,我们主要做了这几方面的工作。

一、创新思路,强抓招商引资。20××年,开发区始终强抓招商引资"一号工程",坚持实施每月招商例会制、领导联系项目制度和年度招商引资工作考核制度,创新招商引资思路,不断加大招商引资工作的督查力度,强化招商引资压力传导机制,加快实现开发区招商引资由粗放型向集约型转变,由笼统招商向专业招商转变,由政策招商向环境招商转变。一是招商引资质量有了较大提高,大项目有了突破。投资额达到千万美元以上的有××、××、××、××、××等××个项目,其中××项目是国家重点发展行业,××通信被列为市重点联系项目。二是抓好引进项目的开工建设。20××年,开发区新开工项目××项,总投资达××亿元,完成投资额××亿元,开工项目数和完成投资额都位于全市省级开发区前列。三是抓好在建项目的推进。开发区积极主动帮助企业协调有关部门搞好水、电、道路等基础设施的建设,确保项目在建设中顺利推进,推动企业早日竣工、投产。

二、突出重点,推进平台建设。20××年,开发区共投入××亿元资金用于基础设施建设,平台面貌有了较大改观,为招商引资提供了优异的外部环境。一是突出规划的龙头作用。完成了开发区××平方千米的地表地形测绘工作、××分区控制性详细规划、××和××农民新村的规划设计。邀请国内外××家设计单位完成了××南岸景观设计、××主题文化公园、开发区行政中心及国际建材家具装饰城等××套规划设计方案。二是加大基础设施建设力度。20××年,开发区新开工项目××项,接转工程××项,铺设路基××万平方米,回填土方××万立方米,完成绿化面积××万平方米,亮化道路××公里,排设各种地下管道××公里,铺设道板××万平方米。完成了××大道拓宽工程、×××国道景观建设第一期工程××村段北侧、××桥段以及科技孵化园一期工程××万平方米标准厂房和公共型保税仓库等重点工程。三是探索城市管理新机制,狠抓城市管理。20××年,开发区规范城市管理机制,加大对市政公用设施的建设、维护和保养,建立健全城市管理目标责任制和社会化、市场化的运行机制;加大对违章建筑的查处力度,查处各类违章建筑××平方米,拆查违章建筑××平方米。

三、加大技改投入,推进产品升级。开发区面对土地市场的规范整顿,主要采取三项措施抓技改投入:一是利用现有企业抓技改。20××年,开发区共有××家企业进行技术改造,总投资××亿元,完成投资额××亿元,其中投入超过千万元以上的有××电子、××电梯、××制管等××个项目,使开发区企业规模和产品档次有了较大的提升。二是利用存量抓技改。开发区针对木业企业由于原材料上涨等不利因素,积极引导小规模企业转产,一年来共引导××家企业转向电梯、电机及其配套产品生产。三是利用土地置换抓技改。由于土地市场整顿、规划滞后等实际情况,20××年,开发区采取了以项目置换的方式确保工业技改项目上马,共置换工业项目××项,置换土地××余亩,总投资××亿元。

四、抓科技创新,推进产业升级。20××年,开发区组建了企业中介服务中心,为广大企业实施科技创新提供了载体化服务。一年来,××电机、××针织、××客车三家企业被列入省高新技术企业。组织实施区以上重大攻关、科研、国际合作、火炬、星火和创新技术产业化推介项目××个,获市以上科技进步奖××项;申报市级以上新产品××个;完成市级以上创新基金、成果转化基金××项;申报各项专利××项;组织市级以上的信息化难题招标项目××家,组织网上技术难题招标签约项目××个。

五、抓服务平台建设,引导产业聚集,开发区积极发挥政府在市场经济中的调节作用,引导企业发展,推进产业聚集,把重点放在服务平台建设上。一是抓科技××园的建设。截至20××年底,完成科技××园一期××万平方米标准厂房的建设,完成投资额××千多万元,同时初步制定入园的标准和条件。二是抓出口平台建设。开通了海运内支线业务,海关监管点和商检办事处办公用房以及全封闭仓储用房均已完成,并通过海关、商检验收,已交付使用。公共型保税仓库建设已基本完工,已向海关申报,对加工贸易的政策和手续进行了宣传和培训,使开发区的加工贸易有了较快发展。

六、创新思路,攻坚克难抓融资。(略)

七、机关效能建设和党组织建设进一步加强。(略)

八、农村稳定,农业增效和农民增收取得新的进展。(略)

九、以创"平安××"为总抓手,加强综合治理,维护社会稳定。(略)

一年来,我们的工作量比较大,难度也比较高,但大家工作都很积极。我们的规划建设局,在人手紧缺、资金短缺、规划空缺的情况下,统筹安排,迎难而上,比较圆满地完成了预期的建设和环境整治任务;财务融资局不等不靠,开动脑筋,主动出击,清欠挖潜,清资理财,跑部门,跑单位,跑银行,有效地保证了开发区财务收支平衡。

我们经发局,在企业管理、企业服务、产业结构调整、优化扶强、土地管理、项目审批等方面出点子、想办法,实现了开发区经济工作的有序发展。在20××年的工作考核中,我们技改投入、科技创新、安全生产均获得全区第一名。我们的政治处,就那么几个人,却承担了相当于一个乡镇的社会事务工作;我们几个招商部门,也都发挥自身的主观能动性,包装项目,上门招商,都取得了较好成效;我们的办公室也一样,在人员少的情况下,承担了大量对外协调和内部管理工作,作好后勤服务工作,保证了我们机关的协调运转。在工作中,涌现了一批先进工作者。经过民主测评,今天我们对×××等××名优秀工作者进行表彰,这××名先进工作者是我们开发区全体工作人员的代表。他们虽然所处的岗位不同,承担的职责不同,但有一点是共同的,都是以自身艰苦的努力和显著的成绩,为开发区发展作出重要贡献。今天,我们把荣誉和掌声给予获奖者的时候,我们深深感到赢得荣誉、创造荣誉是一个充满艰辛、不懈奋斗的过程。一个人如此,一个部门如此,一个单位也是如此。我们表彰先进、激励先进,就是要以此来激发全体机关工作人员加快开发区发展的热情和动力,迅速形成一种学先进、赶先进、比作为、比贡献的浓烈氛围。在此,我也代表开发区党委、管委会,向受到表彰的几位同志表示热烈的祝贺!

同志们,成绩属于过去,我们要关注的是现在和未来。希望我们全体机关同志正确看待成绩,正确面对荣誉,继续保持和发扬一贯的优良作风,做到"胜不骄、败不馁",为实现开发区"一年打基础、两年抓完善、三年大发展"的既定目标,贡献智慧和力量。

最后,向大家提前拜年,祝大家新春愉快,合家幸福!

范例⑥ 督查性工作会议演讲致辞

在区重点项目建设督察会上的讲话

×××

(20××年×月×日)

同志们:

今天召集大家开这个会议,主要目的是面对当前形势,如何加快推进重点项目建设进程。下面,我就这个问题讲几点意见:

今年我区经过6月份重新梳理,确定重点工程项目××项,其中新建项目涉及交通、市场三产、市政、水利、科教文卫、住宅房产、综合办公、能源工业等,计划总投资××亿元,今年计划投资××亿元。其中续建项目××个,总投资××亿元,今年计划投资××亿元;新立重点建设项目××个,总投资××亿元,

今年计划投资xx亿元;前期工作项目xx个,总投资xx亿元,今年计划投资xx亿元。这些重点工程项目事关国民经济和社会长远发展,是我区全面建设小康社会、率先实现现代化的重要支撑。

今年以来,在各级领导的高度重视、各部门密切配合和广大建设者的不懈努力下,我区的重点工程项目建设总体进展情况良好,项目管理基本规范,重大前期项目和重点工程基本按年度计划进度推进。特别是"三大工程"等项目,将为今年"两会"提供场地,建设工期非常紧迫。为此,各级人员付出的精力也特别巨大。但由于建设资金不足,用地指标紧张,征地拆迁难,石渣、黄沙等地方原材料供应紧张,特别是受非典疫情和立改套政策调整等原因影响,造成重点工程项目建设总体进度不平衡,部分工程项目严重滞后。为此,在下阶段工作中,我们必须全力以赴,强势推进重点工程项目建设。

一、科学合理规划重大项目,加强前期协调工作

坚持"以思路带规划,以规划带项目,以项目带政策,以政策带资金"的原则,加大项目的前期工作力度,要将经济发展的力度、项目上马的速度、地方财力承受的程度加以统一考虑,科学、合理地优化、筛选出一批好项目,既要抓紧安排关键性的项目,又要安排适度超前性的项目,使重大项目建设和经济社会发展需要相适应。要做好重大基本建设前期项目协调,配备必要的人、财、物,统一组织和协调各方力量,大力协同,积极推进项目的前期工作;要进一步落实项目工作责任制,按照项目法人责任制的要求,全面做好前期项目的基础性和日常性工作。

二、拓宽投融资渠道,创新投融资机制

重大项目的资金落实一直是个难题。今年我区重点工程项目的资金需求很大,我们要拓宽思路,突破资金筹措难题。一要积极做好我区重点建设项目与国家、省计划的衔接,努力争取国家和省级专项资金的补助;二要采取有效措施,创造条件,吸引民间投资和区外资金投向重点建设,并实行统一的税费、价格政策和平等的用地政策;三要加强直接融资力度,通过召开

重点建设项目推介会等形式,吸引银行信贷资金投入,要敢于举债建设,把未来的资金转换成现实投入;四要在经营盘活土地上做文章,作好各类土地的征用、储备、出让的年度计划,力求获得最大的地价收益。

三、进一步加强政府性投资项目的规范管理

合理配置政府财力,建立集中财力办大事机制,发挥政府资金对社会资金的导向作用。本着"放活一片,管好一线"的原则,对社会投资的项目,要按照社会主义市场经济发展的要求,在国家产业政策的引导下"放活一片";对政府性投资的项目,要建立程序科学、投向合理、运作规范,监管严格的政府投资管理体制,"管好一线",提高投资效益。对政府性投资项目,由发展计划会同财政等有关部门,在充分调研、综合平衡的基础上,制订每年的投资项目计划,报区政府批准后,纳入国民经济和社会发展计划。

四、创造重点工程建设的良好外部环境

一是着力缓解用地指标紧张状况。二要突破征地、拆迁难。要加强研究,制定好重点工程征地拆迁政策,形成符合实际具有可操作性的征地拆迁办法。在具体征地拆迁过程中,建设单位要紧紧依靠当地政府,充分考虑失土农民的利益和生机,形成政府、建设单位和农民多方共赢的局面。三是妥善解决石料等原材料供应问题。国土、公安、安委办等部门要加强采石场管理,采取积极措施,努力增加石料和黄沙生产供应,改善地方材料紧张的状况。

第三节 工作会议汇报演讲致辞

撰写要领

一、工作会议汇报演讲稿的概述

汇报会演讲稿,是指领导干部向上级或党组织汇报本单位某阶段的各项工作进展情况,或对上级政策、法令的执行情况及交办任务的完成情况的讲话。

二、工作会议汇报演讲稿的写作格式

1.标题

标题要反映整个工作会议汇报的基本内容,不能只定"工作汇报"。

2.正文

工作会议汇报演讲稿的正文包括开头、主体、结尾三部分。

(1)开头。简要概括全文主旨,即把一段时间内的工作情况包括工作背景、基础、成绩、效果作一个概述。

(2)主体。首先,对各方面工作情况进行说明;其次,指出存在的问题、缺点及教训,分析产生问题的原因;最后,提出今后的设想和努力方向以及改进工作的打算。

(3)结尾。需要上级帮助解决的事项和问题,请上级领导作指示。

3.落款

在工作会议汇报演讲稿的落款处写上汇报人的名字,汇报的年、月、日。若署名和日期在正文标题下已写上的,落款处可省略不写。

三、工作会议汇报演讲稿的写作要领

1.要实事求是,事实和材料必须有依据,真实可信。对自己掌握的事实与材料进行归纳、提炼出反映事物本质的东西,找出能指导一般工作的规律。

2.写出特色,抓住精华,找出典型,认真总结出一定时期的工作特点。

3.内容要详略结合,条理清晰,简明扼要,篇幅适宜。语言要通俗易懂,富有鼓舞性。

范文经典

范例 1 检查性工作汇报演讲致辞

在全市招投标监督工作情况汇报会上的讲话

×××

(20××年×月×日)

各位领导:

今年以来,我们在省纪委、省监察厅和市委、市政府的领导下,认真贯彻落实《××省国家投资建设工程项目招标投标条例》,加强对全市建设日程招投标工作的指导、协调和监督,取得了较好成效。现将我市开展建设工程招投标监督工作情况汇报如下:

一、主要工作和成效

一是加大宣传力度,提高部门和单位的招投标意识。我们以贯彻《××省国家投资建设工程项目招标投标条例》为契机,综合利用报刊、电台、电视台、网站、会议、文件等媒介,多途径、多层面、多形式加大招投标法律、法规的宣传力度,进一步提高了部门和单位的招投标意识。今年以来,我们公开进行招标的建设项目,绝大多数都是招标人主动到有关部门进行咨询、联系

招标事宜,自觉接受有关部门的监督。我市的国家投资项目基本实现了公开招投标,部分县(市)区××万元以上的建设项目都进行了公开招标。

二是规范招标行为,增强招投标透明度和评标公正性。对国家投资的项目,我们都采用公开招标的方式发包,严格控制邀请招标的项目。依法招标的项目,均在省指定媒介上发布了招标公告。在招标过程中,大多数项目都采取低价中标的办法,并且不使用标底,或标底(预算价)仅在评标中作参考,评标办法随招标文件一起公开。招标项目的评标专家从法定专家库中抽取,杜绝了部分监督人员参加评标的现象。

三是加大监管力度,严肃查处违纪违法案件。今年以来,我们进一步加大了对招投标工作的监管力度。首先,开展事前监督。要求计划、建设、交通等行政主管部门在项目审批、招标核准、文件备案等前期环节,必须按照有关法律法规规定认真审核把关,否则追究有关工作人员的失职渎职责任。气场,开展事中监督。要求参与现场监督人员,必须按照招标文件规定的内容、程序和要求实施监督,不得随意更改招标程序、内容和方式。再次,开展事后监督。实行了中标公示制度,凡有异议和投诉,及时进行调查处理,对违反招投标规定的坚决进行纠正。

上半年,我们妥善解决了市××公司、市气象局、市人防办、××开发区、××师大、××医学院新校区、消防支队7个单位对工程招投标提出的异议和投诉,对违纪行为进行了纠正,严肃查处了×起在建筑项目招投标中的违纪违法案件。××区严肃查处了××乡党委、政府在无集体决议、无建设立项批复、无施工许可证、无项目经理,未公开招投标的情况下,擅自与一无任何建设资质的村支部书记签订了××余万元的《移民住房修建协议》的行为,对相关责任的追究正在进一步审理中。

通过加强监管,我市建设工程招投标工作走上了良性发展的轨道,取得了明显成效。今年×月至×月,我们共参加招投标现场监督××次,其中公开招标××宗,邀请招标××宗,委托代理××宗。自行招标××宗;公开招标的××个标段概算投资××亿元,中标金额××亿元,比预算下浮百分之××。

二、存在的问题

一是违规招标。部分单位不以法律、法规为标准,而以过去的招标实践为依据,违规违法招标。对依法必须公开招标的项目,招标人没有在指定媒介上按要求发布招标公告;有的招标人发放标书到开标的时间未达到法定的××天;有的招标人没有按照要求组建评标委员会,评标专家没有达到规定的三分之二以上;有的没在法定的专家库中随机抽取评标专家,评标结束后也没有形成书面的评标报告。

二是暗箱操作。个别招标人针对我们采取的低价中标办法,想方设法排挤潜在投标人,主要表现在:有的针对不同的竞标人,将标段划得过细或过大,排挤潜在的投标人;有的通过提高投标保证金或人为设置其他附加条件等办法,排挤潜在的投标人;有的在资格预审中设立考察分或有倾向性的标准,排挤潜在投标人;有的滥用"低于成本"的规定,排挤不中意的投标人。

三是规避监督。有的招标人不按规定进行招标事项核准,擅自发布招标公告,发售招标文件,或者虽已核准,但未按照核准要求组织招标。有的"三无"项目在没有完成基本建设程序、组织好建设资金,甚至连设计都未完成的情况下擅自进行招标。有的招标人或代理机构不按照要求将有关招标文件送监督部门备案。

四是招标质量不高。个别项目的招标文件不按照要求编制,资金到位、拨付情况等重要内容不写,搞费率招标;有的项目搞草图招标,导致设计图纸与实际相差较大。这些项目中标后纠纷不断,结算价与预算价相差较大,难以有效控制招标项目的资金投入。另外,我市的招标代理机构资质普遍较低,业务水平还有待提高。外地高资质的招标代理机构多以挂靠的方式在我市开展业务,代理水平也不高,难以达到规范招标行为、提高招标质量的目的。

三、今后工作的重点

1.强化宣传,进一步增强依法行政意识

我们将采取各种方式强化招投标法规的宣传,使主管部门、业主单位、投标企业充分认识规范招投标行为、培育公平、公正、公开的招投标环境和

净化建设市场的重要意义,促使他们在具体工作中依法办事。

2.完善制度,进一步规范招投标行为

结合我市实际,完善招投标监督管理制度,进一步规范招投标行为。一是完善招投标的法定程序,项目未依法批准、设计未完成、资金未落实不得进行招标。二是严格执行建设项目招标事项核准的规定,招标事项一经核准,招标人不得变更,确需变更的,要报原核准部门批准。三是加强招标公告发布和资格预审监督。资格预审一般采取强制性标准法,凡符合强制性标准的潜在投标人都应允许参加投标,不得采用任何手段限制潜在投标人。四是进一步完善评标标准和办法。对国家投资工程建设项目主要采用无标底评标办法;实行工程量清单(或施工图预算包干)招标,合理低价中标。五是实行投标承包风险包干制度。招标文件不得有暂定价格以及留有其他报价缺口的条款。对风险范围内的工程造价包干,施工过程和竣工结算时不得调整。超过风险包干系数范围的任何变更,必须得到项目审批部门和财政部门的同意,有关单位有过错的,要承担相应的责任。

3.强化监督,进一步加大案件查处力度

一是建立完善招投标监督体系,建立健全招投标监督委员会及其办公室,明确工作职责,并有效开展招投标监督工作。二是加大执法监督力度,严肃查处招标人、招标代理机构和投标人的违法违纪行为。重点查处工程建设中违规、虚假、规避招标和业主、投标人、评标专家、代理机构及执业人员违规操作和工作人员徇私枉法等行为。对以身犯禁、逾越红线者,轻则取消其晋升、奖励资格,重则给予党纪政纪处分和组织处理,直至追究刑事责任。

范例 ② 　**专题性工作汇报演讲致辞**

提高认识扎实工作

把高校系统先进性教育活动不断引向深入

在高校工委督导组工作汇报会上的讲话

×××

同志们：

刚才，听取了督导组长们的汇报，我认为，从×月×日动员大会以后，各督导组按照省委和高校工委的要求，加强督导检查，保证了高校系统先进性教育活动的深入开展。各高校认真落实有关要求，做了大量扎实有效的工作，取得了初步成效。从高校先进性教育活动开展情况来看，开局良好，进展顺利，对此我们应给予充分肯定。下面，我就做好高校系统先进性教育活动谈几点意见：

一、关于近期先进性教育活动进展情况

从刚才大家汇报的情况和我们掌握的情况来看，这一阶段的工作主要体现以下几个特点：

1.领导重视、安排周密。各高校党委对中央关于在全党开展以实践"三个代表"重要思想为主要内容的保持共产党员先进性教育活动高度重视，精心组织，把先进性教育活动作为学校工作的"重中之重"，早谋划，早动手，早安排，采取扎实有效的工作，为先进性教育活动的开展奠定了良好的基础。如××理工大学为顺利开展好先进性教育活动，进一步建立健全了基层党组织。××个学院党委召开了党员代表大会，摸清了基层组织及党费队伍的状况，对××名基层支部书记进行了专门培训。××大学提出保持共产党员先进性要突出四个主题：必须学习实践"三个代表"重要思想；必须坚定共产主义理想信

念;必须全面加强党组织和党员的作风建设;必须转变观念,确保共产党员发挥先锋模范带头作用,并围绕四个主题进行了细致安排。

2.机构健全、治度落实。各高校普遍成立了由党委书记任组长,分管领导任副组长,党办(校办)、组织、纪检、宣传等部门负责人参加的先进性教育活动领导小组及办公室。制定了《开展先进性教育活动的实施方案》,初步形成了职责明确,岗位分工,上下贯通的工作机制。全省各高校普遍建立了领导责任制、干部联系点制度和督查制度。

3.动员广泛、行动迅速。截至目前,参加第二批先进性教育活动的高校,都相继召开了各自的动员大会,认真传达并贯彻中央、省委和工委的精神,教育和引导广大党员充分认识开展先进性教育活动的重大意义,切实把思想、认识统一到中央的重大决策上来,增强投身先进性教育活动的自觉性和责任感。××学院、××大学、××师院等大部分高校还组织和安排了对各基层党组织的再动员和专题培训。

同时,各高校通过广播、电视、报纸、互联网等多种媒体和多种形式积极开展先进性教育活动。××大学、××医科大学、××财经大学、××财专、××广播电视大学等高校还及时开通了先进性教育活动专题网站,其中,××电大的专题网站充分利用专业优势办得很有特色;××大学的专题网站在开通不到一周的时间内访问量就突破了3万人次。这些形式为大力宣传先进性教育活动的重大意义,教育激励广大党员积极投身先进性教育活动,搭建了良好的教育平台。

4.联系实际,形式多样。各高校动员会之后,针对各自的特点,开展了生动活泼、丰富多样的各种学习活动。××医科大学和××师范学院专门编印了开展先进性教育活动的学习资料;××专科学校倡导全体党员树立"七种意识":大局意识,服务意识,效率意识,学习意识,协作意识,创新意识,法治意识;××大学先进性教育活动提出"六项检查"和"八项要求",确保先进性教育活动落到实处。××师范学院精心筹划,及早准备,呈现出思想调研早、组织健全早、宣传发动早、实施行动早的"四早"特点,推动了先进性教育的顺利开展。

总的来看,由于领导重视,督导有力,群众参与的积极性高,高校系统先进性教育活动得到有条不紊的扎实推进,省委常委、组织部长×××同志在部分高校调研时给予了充分肯定。当然,在充分肯定好的方面的同时,我们也要清醒地认识到,在先进性教育活动中还存在许多亟待改进的地方。

一是思想认识还有待进一步提高。少数高校领导对先进性教育活动重视不够,少数党员思想上存在模糊认识,对开展先进性教育活动抱有怀疑、担忧和观望态度,担心走过场,自觉性不高。

二是学习安排还有待进一步细化、抓实。个别高校注重形式多,考虑的实际效果少。动员会之后,各高校都相继进入假期,对学习的安排不够具体和明确,容易流于形式,走了过场。

三是组织指导有待进一步加强。部分高校对各基层党组织的指导不够明确,要求不够具体。尤其是对今年毕业尚未落实工作单位但组织关系仍在学校的党员,以及历年来保留组织关系的党员底数不清,措施不力,形成了学习教育的空白。

四是各校发展不够平衡。要全面推动全省高校先进性教育活动的开展,注意各高校活动开展的不平衡倾向。

这些问题因引起我们的高度重视。希望先进性教育办公室和各督导组要继续采取有力措施,督导指导各高校党委进一步提高认识,增强责任感,真正把全体党员的思想和行动统一到中央的决策上来,努力把各个环节的工作抓紧抓实。

二、采取措施,不断引深学习活动,提高学习效果

1.统一思想、提高认识。提高认识,坚定信心是搞好先进性教育活动的前提和基础。通过这一阶段的学习,广大党员对开展先进性教育活动的重要性和必要性有了比较明确的认识,但还有相当一部分党员对先进性教育认识不足,包括一些领导干部。思想认识问题始终是影响我们搞好先进性教育的关键所在,必须把解决思想认识问题贯穿于活动的全过程,要积极引导广大党员站在全局和战略的高度,充分认识开展先进性教育活动的重大意义,

充分认识引深学习工作的重要性,把先进性教育的过程变成认识不断提高,思想不断统一的过程,做到先进性教育活动每向前推进一步,党员的思想认识就提高一步。

2.继续引深学习,营造良好氛围。目前,各高校相继进入假期,但必须明确学习是保证整个先进性教育活动的基础,只有学习搞好了,才能为搞好后两个阶段的工作打下基础。因此,我们要充分认识学习在整个先进性教育活动中的重要地位和作用,继续抓紧抓好学习工作,增强学习效果,确保学习质量,认真完成必读教材的学习,努力做到真学、真懂、真信、真用。切实用"三个代表"重要思想统一党员的行动,保证党的教育方针的全面落实,培养合格的建设者和接班人。

3.抓好支部书记培训工作,依靠基层党组织引深教育。各级党组织要教育引导广大党员进一步端正学习态度,珍惜这次学习机会,力求学深学透,要调节心境,排除干扰,潜心研读。真正做到学有所悟、学有所获,要开动脑筋,对学习材料中的每一部分内容,每一个问题都要勤于思考,找出他们之间的联系,总结出规律性的东西,努力收到好的学习效果,还要采取灵活多样的形式进行学习讨论、学习交流,特别要注意联系本单位、本人思想、工作实际,深入认真地研讨每一个问题,真正在思想认识上有提高有收获。

4.采取多种形式,保证高校党员教育覆盖面。此次先进性教育活动,要力争把组织关系在本单位的每一位党员都组织起来参加学习。这项工作做好了,本身就是先进性教育活动的一大成果。对因病或出差未能参加学习的党员要及时补课,对年老体弱、行动不便的年老党员要送学、送教上门,特别是对处于流动状态、近期与组织失去联系的党员,一定要主动进行家访或用网络、信函、电话等方式联系,并通过加强宣传引导这些党员自觉与党组织联系,不能游离于党组织之外,影响先进性教育活动的效果,影响党的先进性的发挥。为此,各高校要把覆盖全体党员当做一项硬任务,采取各种有效措施,努力使每一位党员都参加到先进性教育活动中来,接受教育,经受锻炼。

5.要在始终取得实效上下功夫。要联系学校实际,个人实际,围绕"办什么样的大学"、"怎样办大学"、"培养什么样的人"、"怎样培养人"等问题动脑筋、做文章。

三、进一步加强领导和督导

为保证全省高校先进性教育活动顺利开展,要充分发挥领导小组办公室和督导组的作用,进一步加强领导和督导。

1.勤于学习,提高素质。大家都是厅里和各高校抽调出来的骨干力量,思想过硬,素质很高,有些还是参加过第一批先进性教育督导工作的干部,积累了很好的经验。希望大家进一步加强学习,对中央、省委和高校工委的文件精神吃透吃准,不断提高自身素质,要先学一步,多学一些,学深一点。要结合高校实际,创造性地开展工作。

2.注重调研,认真履职。调查研究是搞好工作的前提和基础。要坚持在调研中了解情况,在调研中发现问题,在调研中总结经验,在调研监督促落实。大家要认真履行职责。同时,要注意发现典型、总结典型、运用典型指导工作。

3.加强沟通,搞好配合。领导组办公室、督导组和各高校要加强沟通,搞好配合。目前领导组办公室机构健全,职责明确,编发工作简报和利用网络建立专题网站等形式的宣传工作已全面展开。指导协调工作井然有序,督导组协助各高校党委的动员工作开局良好。在今后的工作中同志们要敢于负责,恪尽职守,还要讲究方式方法,正确处理好相互之间的关系。在这里我特别要提出的是,我们领导组办公室和督导组的同志们牺牲了周末和节假日时间,加班加点,保证了先进性教育活动的整体推进。

4.坚持原则,严于律己。在工作中同志们要努力增强责任意识、大局意识。要建立工作责任治,要根据不同阶段的要求列出工作计划和重点;要严格工作纪律,明确分工责任到人;还要廉洁自律,树立和保持良好形象,以严谨细致的工作作风推进工作。

同志们,开展先进性教育活动,是全党政治生活中的一件大事,广大党员和群众对此充满拥护之心和期盼之情,让我们更加紧密地团结在以胡锦

涛同志为总书记的党中央周围,高举"三个代表"重要思想的伟大旗帜,以高度的政治责任感和强烈的历史使命感,进一步提高思想认识,更加卓有成效地工作,努力办好人民满意的教育,使先进性教育活动真正成为"群众满意工程"。

第四节　思想工作演讲致辞

撰写要领

一、思想工作演讲稿的概述

思想工作演讲是领导干部之间或领导干部与群众之间就工作问题进行商讨，以确定工作方针、落实工作要求等为内容的、面对面的、双向交流活动。

二、思想工作演讲稿的写作要领

1.做好讲话的准备，明确讲话的目的，突出重点。

2.对工作的意图和具体要求一定要交代清楚。

3.坚持先听后讲，或边听边讲，诚心诚意、专心致志地倾听讲话对象的各种意见、要求。

4.坚持实事求是，敢于改正自己的不妥之处。

5.语言表达要注意内容与文采的结合。

范文经典

范例 1 宣传思想工作会上的演讲致辞

xx局长在20xx年宣传思想工作会上的讲话

各位代表、同志们：

在全国人民众志成城、抗震救灾，全局职工深入学习贯彻局务会暨经济工作会议精神，积极稳妥推进综合管理模式改革之际，我们召开这次宣传思想工作会，并将组织工作会、支部书记例会等几个会议一起"打包"召开，是很及时，也很必要的。这次会议是我局在新的历史起点上开创宣传思想工作新局面的一次非常重要的会议。党办、宣传科、组织科的负责同志分别传达了上级的有关会议精神。本次会议主题鲜明，内容丰富，召开得很成功。希望同志们要认真学习，深刻领会，切实把思想认识统一到局党委、行政的部署上来，把我局宣传思想工作抓出成效，抓出亮点。

下面，我就宣传思想工作讲三点意见：

一、从站在做好"三个服务"的高度，进一步认识做好宣传思想工作的极端重要性

胡锦涛同志在全国宣传思想工作会议上提出："切实做好新形势下的宣传思想工作，是坚持和巩固马克思主义在意识形态领域指导地位的需要，是全面建设小康社会，促进社会主义物质文明、政治文明和精神文明协调发展的需要，是加强党的执政能力建设，提高党的领导水平和执政水平的需要。在全面建设小康社会的伟大进程中，宣传思想工作任务很重。"

因此，我们要始终保持清醒的头脑，用时代的要求来审视宣传思想工作,努力使宣传思想工作更好地体现时代性、把握规律性、富于创造性,更准确地把握全局宣传思想工作面临的新机遇和新挑战,更好地使宣传思想工作服务于××段航道又好又快地发展,为实现"小局"变"强局"的发展战略鼓劲加油。

首先,我们要认清形势,把握新机遇。在综合分析的基础上,我认为全局宣传思想工作面临的新机遇主要有五个方面:一是从党中央到地方各级政府部门高度重视宣传思想工作,采取一系列重大举措。下发一系列重要文件,作出一系列重要部署,为做好宣传思想工作提供了强有力的政治保证,赋予了宣传思想工作者更重要的历史责任。二是我们党大力推进理论创新,提出了科学发展观和构建社会主义和谐社会等重大战略思想,开辟了马克思主义中国化的新境界,为加强思想理论建设注入了新的时代内涵,为做好宣传思想工作提供了强大思想武器。三是我局在今年的工作会上响亮地提出了由"小局"变"强局"的奋斗目标,为做好宣传思想工作提供了丰富的资源、打开了新的视野,为广大宣传思想工作者提供了施展才华的广阔舞台。四是随着科技进步日新月异,特别是互联网发展方兴未艾,越来越多的人通过网络了解信息,这为传播先进文化提供了新的载体,为做好宣传思想工作开辟了新的阵地。五是多年来我局宣传思想工作不断开拓创新,扬长避短,发挥优势,全局呈现出了大宣传、大舆论、大服务的良好局面,为做好新形势下的宣传思想工作积累了宝贵经验,奠定了坚实基础。

其次,我们要认真分析,迎接新挑战。随着改革的深入和市场经济的发展,社会意识多元、多样、多变的特征日益明显,正确的与错误的、先进的与落后的思想观念相互交织,思想理论领域的噪音杂音时有出现,巩固马克思主义指导地位、用一元化指导思想引导多样化社会思潮的任务十分艰巨。同时,随着经济的发展和物质生活水平的提高,人民群众精神文化需求迅速增长,对精神文化产品质量提出更高要求。今年我国将举办北京奥运会、纪念改革开放 30 周年等大事、喜事,当前又面临全国人民万众一心抗击历史罕见地震自然灾害,如何引导舆论、凝聚人心、增进共识,对宣传思想工作者提

出了更高的要求。

总之，时代在前进，社会在进步，实践在发展。全局的宣传思想工作者一定要牢固树立政治意识、大局意识、责任意识，准确把握宣传思想工作面临的机遇和挑战，切实增强做好宣传思想工作极端重要性的认识，坚持用时代的要求来审视宣传思想工作，用发展的眼光来研究宣传思想工作，以改革的精神来推进宣传思想工作，努力开创我局宣传思想工作的新局面。

二、切实创新宣传思想工作内容及方式，努力实现宣传思想工作的新发展

全局宣传思想工作要在总结继承过去成功经验的基础上，围绕亮点着力、重点突破、整体推进的要求，努力创新形式、创新内容、创新手段，不断提高宣传思想工作的影响力和竞争力，不断使宣传思想工作在新的起点上实现新发展。（略）

三、切实加强和改善对宣传工作的领导，不断开创宣传思想工作的新局面

胡锦涛同志深刻指出，意识形态工作是党的一项十分重要的工作，经济工作搞不好要出大问题，意识形态工作搞不好也要出大问题。在集中力量抓经济建设的同时，一刻也不能放松意识形态工作。为此，各级党组织要高度重视宣传思想干部的思想政治建设和作风建设，按照政治坚定、求真务实、开拓创新、勤政廉政、团结协作的要求，打牢思想基础，优化结构，增强活力。不断提高驾驭宣传思想工作的能力和水平。

同志们，宣传思想战线责任重大，任务艰巨。我相信，宣传思想工作在××段航道事业发展的大潮中一定能大有作为。我们一定要牢记自己的庄严使命和神圣职责，求真务实，奋发进取，唱响主旋律，推动大发展，为开辟美好生活新航道不断加油、鼓劲、造势，努力开创××段航道宣传思想工作的崭新局面！

谢谢大家！

范 例 ② 　干部职务调整时的演讲致辞

在干部职务调整后集体谈话会上的讲话

同志们：

今天，把这次干部调整中涉及的同志请来，进行一次集体谈话，既是干部调整任用工作的必要程序，也是和同志们交流思想的必要形式。主要目的是统一思想，凝聚力量。刚才，××同志通报了县委这次干部调整的意见，部分新提拔的干部还有一个公示过程，正式文件随后下发。下面，我想跟大家谈三个方面的问题：

一、要正确看待这次干部调整

每一次干部调整，都是领导班子建设的大事，大家都很关心关注，这不仅直接关乎××发展的大局，更关乎每一位干部的切身利益。我想，关心关注是正常的，这也是对××发展责任心的体现。就县委而言，对干部调整工作也是极为重视和十分慎重的，对每一个班子、每一位干部的调整任用都是慎之又慎，反复推敲，能稳定就尽量保持稳定。大家知道，今年以来，这是第一次调整干部。可以说，这是去年12月份干部调整工作的延续，也是从不断优化班子结构、促进全县经济社会快速发展的角度出发，所做的一次必要的人事变动。在调整过程中，遵循的基本原则是：坚持干部队伍"四化"方针和德才兼备的原则，合理搭配班子的年龄、文化和素质结构，注意调动每个干部的工作积极性，重视选拔培养、锻炼优秀年轻干部，同时兼顾工作的连续性和部分干部的实际困难。在此，我们要重点考虑以下三方面因素：

1.加大干部年轻化和高学历化的力度。（略）

2.继续进行干部的适度交流。（略）

3.坚持大稳定、小调整的原则。(略)

总之,这次干部调整,是县委从长远发展的大局出发,从领导班子建设的实际出发,从工作的需要出发,而慎重做出的决定,调整方案合理运用了班子考察考核的结果,充分尊重了各部门及方方面面的意见,力求做到公正合理。当然,任何事情都不是绝对的,而是相对的。我的体会是,难得人人满意,力争公正合理。对每个干部来讲,百分之百达到个人满意,是非常困难的,也是不可能。作为组织,可以说是尽最大努力做到公正合理,让大多数干部感到满意,为我们的干部充分发挥聪明才智提供平台。但由于受领导职数的限制,许多优秀干部没能及时得到提拔,也有个别干部交流的岗位不尽如本人的意愿,还有一些干部因年龄问题调整了职务和岗位,对于这些问题,我们都应该有一个正确的态度和认识。每次调整干部,都有提拔和交流,都有岗位的变动,也都有高兴和不高兴的。在调整干部时一些同志有些想法,甚至有些议论,个别同志感到心理不平衡,这很正常,也可以理解。县委希望全体干部要顾大局,识大体,重事业兴衰,轻个人去留,正确对待个人的进退留转,坦然听从组织安排。坚持做到"两个正确对待"。

1.要正确对待组织。(略)

2.要正确对待自己。(略)

二、要尽快转换角色,适应新的工作岗位需要

从现在起,新提拔的干部已不再是一个单纯按照领导指示、具体完成和开展某一工作的办事人员,而是身兼谋划、管理、协调和落实多项职能的中层领导干部。可以说,同志们已经从职位上完成了从"兵"到"将"的转变,但是从思想水平和工作能力上,未必一下子完全适应。因此,大家要尽快适应岗位需要,完成角色转换。

首先,要正确估价自己。职位的提升,并不说明本身就没有缺点和不足,也不代表工作能力和工作水平就一定比别人强。要客观地看待自己和他人,无论在何时,都要多看别人的长处,认识并努力改正自身存在的不足。只有这样,才能使自己不断进步。我们希望,被提拔的干部不能沾沾自喜,更不能

"官升誉起"、"职位升脾气长"。领导干部不是终身制,如果你不能胜任工作,还可能被调整下来。

其次,要摆正自己的位置。在工作中,尊重一把手的核心地位,维护一把手的权威,积极谋划,建言献策,当好参谋,配合做好各方面的工作。同时,要维护整个班子的团结,遇事多沟通、多交流,合力推进工作的落实。尽快进入角色。要认真做好各项工作的交接,保持工作的连续性和稳定性,确保人员有调整,工作不耽误。

三、要加强学习

理论是行动的先导。理论素养高的干部与别人不同之处在于:看问题,高屋建瓴,把握本质;抓工作,思路清晰,深谋远虑;遇到矛盾,头脑清醒,游刃有余。而理论水平不高的干部,往往缺乏立足当前、着眼长远的战略思想;工作中就事论事,零打碎敲,不得要领;遇到错综复杂的形势,容易迷失方向,甚至发生偏差与失误。值得注意的是,面对当前飞速发展的时代和形势,不少人思想上没有紧迫感、危机感,对学习无动于衷,缺乏热情,有的还满足于老经验、老办法,对新知识不敏感,对于未知事物不是千方百计去了解、去学习、去钻研,而是浅尝辄止,或者望而却步。如果我们不注意学习,对理论一知半解,政策似是而非,形势模模糊糊,科技似懂非懂,工作不得要领,就不可能成为称职合格的领导者,也不可能发展一方事业,更不可能取得广大人民群众的信任和拥戴。当今时代,没有"铁饭碗"好端,也没有"太平官"可做,今天不学习,明天就有可能被群众所抛弃;现在不提高,将来一定会被时代所淘汰。加强学习,形势逼人,时不我待;努力学习,赶上形势,刻不容缓。因此,每个领导干部必须牢固树立学习是第一需要的理念,认清形势,端正态度,自我加压,形成一个再学习,再充实,再更新,再提高的浓厚的学习氛围,建设学习型机关,争做学习型干部。

四、要勇于创新

能否实现××发展的新跨越,把宏伟蓝图变成美好现实,关键是要在我们这支领导干部队伍中形成求真务实、敢于创新的风气。为此,我们要做好三

方面工作：

1.要振奋精神。所谓的振奋精神,就是要树雄心、立壮志。这几年,我县发展的势头很好,但面临的困难和问题也很多。我们要善于把本部门本行业干部职工的积极性充分调动起来,正视困难,迎难而上,顽强拼搏,克难勇进,善于在困难中捕捉新机遇,在挑战中赢得新发展。

2.要敢为人先。要坚持解放思想、实事求是、与时俱进,勇于开拓。要深入开展调查研究,善于抓住工作中的"瓶颈"问题、突出矛盾。不回避,不推诿,敢打敢拼,敢出硬招,在重重困难中闯出一条生路来,努力做到发展有新思路,改革有新突破,开放有新局面,各项工作有新举措。

3.要求真务实。为政不在多言,贵在实干。各单位和各部门要根据各自的实际,制定出切实可行的工作方案,特别要在招商引资、工业发展、基础设施建设以及农村工作等方面,采取有力措施,扎实推进,务求实效。

五、要加强团结

加强团结,形成核心是每个领导班子建设的关键。团结问题,对于每个领导班子和领导干部来说,都是一个永恒的主题。团结出凝聚力,团结出战斗力,团结出生产力,团结也出干部。大家要以事业为重,牢固树立大局观念。要切实增强党性锻炼。要按照搞好团结是大局、自觉团结是党性、善于团结是本领的"三句话"要求,加强协调、沟通,形成良好的团结氛围。要自觉坚持民主集中制原则。要发扬"团队精神"。讲团队精神,就是讲凝聚力、讲战斗力,就是发挥整体效能。全县各级班子要通过学习交流,奠定团结的思想基础,做到心往一处想,劲往一处使;还要建立一个利于分工合作、团结共事的工作机制;正职还要敢抓、敢管,严抓、严管,抓到底,不能当"老好人",搞无原则的一团和气。班子的每个成员要坚持公道正派,坦坦荡荡,不争名、不争利、不争权,尽职尽责,密切配合,团结谋事,和衷共济,事业就会兴旺发达。

六、要廉洁自律

"常怀律己之心,常思贪欲之害,常修为政之道。"要认真执行廉洁自律的各项规定,真正弄清哪些事情能做,哪些事情不能做,做到心中有数,谨慎从事,守住底线。治人之本在于治心,治心之本在于治欲。要时刻严格要求自己,自重、自省、自警、自励,做到警钟长鸣,加强思想道德修养,自觉抵制各种不良风气。要严格执行党的纪律,从小事做起,防微杜渐。慎重对待自己手中的权力,经得住考验,顶得住歪风,抗得住诱惑,管得住自己,做一名秉公办事、清正廉洁的领导干部。

第五节　会议交流演讲致辞

撰写要领

一、会议交流讲话的概述

会议交流发言讲话，是指领导干部出席会议或参加交流活动时所发表的言辞。

二、会议交流演讲稿的写作格式

会议交流发言演讲稿一般由标题、前言、主体、结尾四部分组成。

1.标题。要反映发言的基本内容，通常写成"发言者+会议名称+发言内容+文种类别"的形式。

2.前言。一般写发言的缘由，引入正题，或概括发言的基本思想。

3.主体。主体即发言的具体内容，按照发言的内容依次排列展开、阐述。

4.结尾。要照应开头，回答前面提出的问题，适当申述一下自己的观点。

三、会议交流演讲稿的写作要领

起草讲稿时，务必吃透会议精神或专业性知识，了解各方面提出的意见；务必做到态度明确、中心突出、层次分明、逻辑结构严谨；语言简洁精练、表达准确、通俗易懂。

──❧ **范文经典** ❧──

(范 例 ①) **政治理论学习演讲致辞**

努力学习政治理论知识,不断增强廉洁从政能力

同志们:

胡锦涛同志在中央纪委第七次全会上的重要讲话,强调了全面加强领导干部作风建设、大力倡导八个方面的良好风气的问题。全党同志紧密结合全面建设小康社会、构建社会主义和谐社会新的实践,进一步加强和改进全党的学习,大兴学习之风。这必将带动全党形成良好的学风,推进建设学习型政党,不断提高党风廉政工作水平,使我们党永葆生机与活力。

学风问题在党风建设中起着基础性的作用。树立良好的学风,对于领导干部增长才干、提高素质,不断改造主观世界切实做到执政为民、廉洁从政、拒腐防变都具有十分重要的意义。发扬马克思主义学风,首要是要加强学习。作为领导干部,我们必须把学习作为一种政治责任和精神追求,坚持用科学理论武装自己,用人类社会创造的各种知识来充实自己,用实践和群众的丰富创造来提高自己,努力在建设学习型政党和学习型社会中走到前列。

那么,作为党的领导干部应学习什么样的内容呢?

一、要学习政治科学理论和相关知识,不断提高自身素质和各种能力

理论上成熟是政治上成熟的基础和前提。我们必须把掌握科学的理论作为安身立命之本,深入学习马克思列宁主义、毛泽东思想、邓小平理论和"三个代表"重要思想,特别是要把党的十六大以来以胡锦涛同志为总书记的党中央提出的科学发展、和谐社会等一系列重大战略思想,作为理论学习

的重要内容，真正做到学懂弄通，掌握精神实质。要深刻认识这些重大战略思想的时代背景和指导意义，深刻认识这些重大战略思想的科学内涵和精神实质，深刻认识这些重大战略思想之间的内在联系和有机统一，全面把握贯穿其中的马克思主义立场、观点和方法，还要深刻认识和全面把握这些重大战略思想与邓小平理论和"三个代表"重要思想既一脉相承又与时俱进的关系。在加强理论学习的同时，还要深入学习党的基本理论、基本路线、基本纲领、基本经验，坚持用马克思主义中国化的最新成果武装头脑，指导工作。还要学习中共中央《关于建立健全教育、制度、监督并重的惩治和预防腐败体系实施纲要》、学习中共中央纪委《关于严格禁止利用职务上的便利谋取不正当利益若干规定》以及《中国共产党党内监督条例》、《中国共产党纪律处分条例》等一系列重要文件。同时，还要结合行业特点学习自身的环境保护业务理论知识等。加强对经济：科技、法律、哲学、历史、文学等各领域的涉猎，登高望远，洞察规律。从而不断充实自己，加快知识更新，优化知识结构，完善自己，丰厚思想底蕴，切实增强自身的政治素质、战略素质和科学文化素质，努力提高领导科学发展能力，驾驭复杂局面能力、协调利益关系能力和务实创新能力等。

二、要向改革开放和现代化建设的实践学习，不断总结工作经验

古人说，"读万卷书，行万里路"。这就是说，除了要向书本学习，还要向实践学习。实践是最生动的课堂，蕴含着丰富的知识，只有坚持向实践学习，才能深化认识、获得真知，才能增强本领、推动工作。通过在改革开放和现代化建设的大课堂中学习来提高自己，要深入了解我国社会主义初级阶段的基本国情，把握当前我国经济社会发展的一系列阶段性特征，熟悉本地区、本部门经济社会发展的历史、现状，明确下一步发展的目标要求，不断深化对党中央提出的一系列重大战略思想和政策措施的认识；要深入实际调查研究，及时总结本地区、本部门在改革发展中创造的新鲜经验和成功做法，及时总结工作中出现的失误和教训，不断深化对经济社会发展规律的认识。要积极投身改革开放和现代化建设的实践，在实践的风浪和考验中砥砺品格,在创造性地贯彻执行党的路线方针政策中深化认识,在破解影响工作的重点难点问题中增强能力,努力使自己的综合素质在实践中不断得到提高。

三、要虚心向人民群众学习,为人民群众排忧解难

人民群众是认识和实践的主体,他们在创造物质财富的同时,也在创造精神财富。只有不断从广大群众中汲取智慧,才能不断丰富自己、提高自己。我们一定要牢固树立马克思主义的群众观点,端正对群众的态度,甘当群众的学生,虚心向群众学习。要不断增进与群众的感情,真心实意地听取群众意见,了解群众愿望、情绪和呼声,真正做到想人民群众之所想、急人民群众之所急,在为人民群众服务中学习他们的优良品质。同时,随着经济的发展,环境问题日益成为人民群众关注的焦点、热点和难点问题。要解决人民群众投诉环境的热点、难点问题就成了环保部门联系人民群众为其排忧解难的重要抓手。近年来,我局通过环境信访和xxxxx环保热线电话等渠道,共接到人民群众环境投诉百余件和人大政协环境提案xx余件,我们都一一进行了圆满处理和给人民群众一个满意的答复。要尊重群众的首创精神,及时发现群众创造的新鲜经验,集中群众的智慧,并善于加以总结、提炼和概括,形成正确的工作思路和工作方法,用以更好地推动工作。

学习的目的在于运用。弘扬理论联系实际的马克思主义学风,关键在于学以致用。通过学习,拓宽视野,增长才干,提高本领,着眼于解决改革发展稳定中的重点难点问题,着眼于增强党性修养、提高精神境界,改造主观世界,做廉洁自律的楷模。领导干部的修养,不仅是政治素质、理论水平、道德情操、工作能力等的综合体现,而且代表着党的形象。学习是修养之道,是提高修养、升华境界,树立正确的世界观、人生观和价值观的重要途径,那么,通过学习要达到什么样的人生境界呢?

一要达到学以增智。智是为人处世之道、辨人决事之能。大智非才不成,大才非学不成,面对知识更新的不断加快和新形势、新情况,我们必须勤于学习、善于学习。要学习人类社会创造的一切文明成果,在学习中开阔眼界,更新知识、提高素养;要通过学习认识和把握规律,努力使自己站得高一些、

看得远一些,不断提高及时发现问题、透彻分析问题和科学解决问题的水平;要把学习体会和成果转化为谋划工作的思路、促进工作的措施和领导工作的本领,特别是要转化为全面建设小康社会、构建社会主义和谐社会的能力,转化为推动党的执政能力建设和先进性建设的能力。

二要达到学以立志。志向是人的精神支柱、奋斗动力和前进坐标。中国共产党人的志向,就是为人民谋利益、为中国特色社会主义事业奋斗终生。学为立志之体,博学方能笃志,树立远大志向离不开学习。我们要以科学理论为指导,切实转变作风,努力做到为民、务实、清廉。要使学习的过程成为进一步坚定理想信念的过程,澄清在一些重大问题上的模糊认识,进一步坚定理想信念,牢固树立人民群众是历史创造者的观点,明白"水能载舟亦能覆舟"的哲理,牢记"淡泊明志"的警言。要使学习的过程成为强化宗旨意识的过程,坚持权为民所用、情为民所系、利为民所谋,牢固树立立党为公、执政为民的理念,努力成为心系群众、服务人民的模范。在促进国家富强、民族振兴、人民幸福的伟大进程中实现自己的人生追求。

三要达到学以正德。德是立身之本、为政之要。古人讲"人可以一生不仕,但不可一日无德"。做人要讲道德,做官更要讲官德。德为官之魂,官德正则民风淳,官德毁则民风降。要常怀律己之心,常修为政之德,常思贪欲之害。一个人的道德修养高低与学识深浅紧密相连。领导干部必须重视学习,加强道德修养。只有坚持用科学理论武装头脑,自觉践行社会主义荣辱观,以先进榜样为镜鉴对照自己,在学习过程中陶冶情操、净化灵魂,才能做到见贤思齐,确立立身做人的行为准则,堂堂正正做人、踏踏实实做事,做社会主义道德的积极倡导者、模范实践者和风气引领者,带动党风、政风和社会风气不断好转。

四要达到学以养心。心是境界、是胸怀、是追求。古人说:"养心莫如静心,静心莫如读书。"通过博览群书,汲取人类的文化精华、处世经验、为人之道,不断反思、调整和拓展自己的心灵空间,方能使心灵高尚、心态平和、心胸宽广。要善养责任心,以史为鉴,增强使命感、责任感和忧患意识,奋发有为、开拓创新，真正担负起为官一任、造福一方、安定一方的重任。要善养平常心，在学习中关注民生、淡泊名利，把心思和精神用在加快发展、为民造福上。

五要达到学以促廉。清正廉洁是共产党人的政治本色。加强学习、促进廉洁自律是领导干部廉洁从政的思想保证。从现实情况看，放松学习，缺乏理论武装、知识滋养和正气熏陶，是一些领导干部思想滑坡、意志消退、精神萎靡、志趣庸俗甚至走向堕落的重要原因。这就要求我们必须加强理论学习，树立正确的权力观、地位观、利益观，模范遵守党纪国法，筑牢拒腐防变的思想防线。始终保持健康的生活情趣和高尚的精神追求。要多读有益书、慎交各方友、不做无聊事，坚决抵制拜金主义、享乐主义和极端个人主义等消极思想的侵蚀，时刻警惕权力、金钱、美色的诱惑，保持艰苦奋斗、勤俭节约的革命本色，树立为民、务实、清廉的良好形象，永葆共产党人的先进性和纯洁性。

范例2　经验交流会演讲致辞

×××校长在学校 2008 年教学工作
表彰暨经验交流会上的讲话

各位老师：

金秋送爽、丹桂飘香，在刚刚过去的××镇教师节庆祝大会上，我校受到了镇委镇政府的嘉奖，我们的心情无比激动。今天，全体教职员工又欢聚在这里隆重举行 2007~2008 学年教学工作表彰暨经验交流会，我谨代表学校党政领导向过去一年来辛勤工作的全体教职员工致以迟来的节日问候！向受表彰的×××等老师表示热烈的祝贺！向提供宝贵经验的×××等老师表示衷心的感谢！

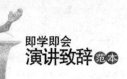

过去的一年，我们紧紧抓住"解放思想、推进教育现代化"这一大好发展机遇，确立科学发展观，贯彻落实"以人为本，和谐发展"的办学理念，积极践行"思想上一条心、工作上一盘棋、生活上一家人"的信念，优化管理机制，发展内涵，打造品牌，教学质量大幅度提高。学校被评为××市科普特色学校、镇先进学校，获××省首届中小学德育创新奖一等奖、××市初中教育质量一等奖。2008年中考获得全面丰收：七个科目平均分、合格率、优秀率均超市平均水平，名列全市前茅，其中平均分超出××分，合格率超出××个百分点，××人上重点线，××人入围××中学正取线，学校较好地实现了初中教育质量新突破。这些成绩的取得主要得益于我们这一支爱岗敬业、默默奉献的教师队伍，正是由于你们的创新开拓、辛勤耕耘，造就了我们学校一年又一年的灿烂辉煌！

今天受表彰的老师就是其中的先进典型和优秀代表，在他们当中，有教研并重、精益求精、德艺双馨的×××、×××、×××3位镇名师，有教书育人、为人师表、甘于奉献的××等6位镇优秀班主任，有严谨治学、以身立教、潜心教学、团结拼搏的×××等20位镇优秀教师，有身先士卒、一心一意为学校谋发展的镇优秀教导主任×××……今天在这里对他们进行表彰和奖励，对他们所作出的贡献和优异成绩的高度肯定和褒奖，他们是当之无愧的。我期待，在××这个大家庭里涌现出更多的名师、更多的优秀先进人物。希望受表彰的教师珍惜荣誉、再接再厉，也希望全体教师学习先进、争创一流，努力成为无愧于学生、无愧于时代、与学校共赢发展的优秀教师！

回首过去的一年，在大家的努力拼搏下，我校实现了跨越式发展，展望未来，我们依然任重道远，对比省市名校，还存在着不少薄弱环节，面临着很大的发展困难和压力（如规模增大、环境优化、中考改革等压力）。站在新的起点上，我们必须全力巩固过去的办学成果。承前启后，把压力转化为发展动力，走内涵式发展之路，努力实现教学质量新突破。具体来说就是要做到：更新一个理念、坚持两个观点、优化三项机制。

1.更新一个理念。解放思想，实施有效教学，向40分钟课堂要效益。在学校发展的今天,我们要讲究低耗高效和减负增效的策略,苦干与巧干有机结合,大力推广"有效备课、有效上课、有效作业、有效反馈、有效辅导"的做法,做到"三精"—备课精选、课堂精讲、作业精练。

2.坚持两个科学发展观。首先是坚持"在学生素质全面发展基础上提高升学率"的质量观。切实加强校园文化和学风建设,营造良好的学习氛围,挖掘学生创造潜能;开展好文学社等一系列第二课堂精品活动,使之成为"发展学生个性特长、全面提高素质"的乐园。积极打好竞赛战役,使之成为中考成绩的增长点。其次是坚持"教师是学校发展的第二资源"的教师观。在教学实践中增加"研究"的品质,鼓励大家勤思、帮助大家深思、促进大家反思,把骨干教师放在把关位置上加以培养,以发展的眼光看每一位教师,把学校发展的需要和教师专业成长的需要较好地结合起来,实现共同发展的双赢局面。

3.优化三项机制。一是优化教学质量监控机制,实施教学质量的全程监控,落实教学常规检查、课堂教学效果评价、学生学习信息反馈及学习标兵班评比等制度,及时准确地掌握教学动态,纠正存在问题。二是优化临界生"向上走"的转化机制,做好三类临界生(优秀生、合格生和后进生)的跟踪辅导工作,主攻"一分两率",整体推进,全面提高教学质量。三是优化"一评两考三激励四发展"的教师评价机制,以"师德师能"为评价核心,严格常规与绩效考核,落实奖教、评先选优及职称晋升三项激励措施,形成"教学能手、教学骨干、学科带头人、名师"的四个发展层次,从而逐步提高教师队伍素质,实现学校和教师队伍的可持续发展。

老师们!新的历史阶段,教育将面临大变革、大发展,我们的教育教学改革正逐步走上科学发展的道路。站在新的起跑线上,面对新形势、高要求,我们要继续保持旺盛的斗志、清醒的头脑,迎接新的挑战,抢抓新的机遇,立足新的起点,树立新的目标,展示新的形象,谋求新的突破。"有梦想谁都了不起,有勇气就会有奇迹",让我们满怀信心和希望,以新的努力去取得新的成功,以新的成功去开拓新的天空,为自己也为××谱写光辉灿烂的新篇章!

最新
适用版

第二章

领导干部职务调整
演讲致辞

第一节 领导干部求职、就职演讲致辞

撰写要领

一、领导干部求职演讲的概述及写作要领

求职演讲是指领导干部在公开竞聘、招聘过程中推介自我时的讲话。一般来说,撰写求职演讲稿,结构要井然有序,态度坦率真诚。具体来讲,需注意以下几方面的问题:

1.求职演讲稿开头部分,在称谓后对求职者的基本情况作简单介绍,诸如姓名、年龄、政治面貌、毕业学校、所学专业(学历、职称)以及求职目标等。

2.紧承演讲稿的开头部分,主要是述说求职者应聘该职位的缘由。

3.表达任职后的打算或决心。这一部分为求职演讲稿的结尾部分,可简要地表达一下受聘任职后的工作决心。

4.内容预置有方,实事求是。

所谓"内容预置",是指求职演讲稿的内容应根据"需要"预先设置好。同时,讲话者还要实事求是地、明确地提出自己任职期间的工作目标。因为当讲话者明确地提出自己任职期间的工作目标之后,听众就会在心中为讲话者记下一笔"账",并会时时拿出来核对一番。

5.用语要简洁、考究、有"忌"。

一般来说,求职演讲稿的语言不但要做到简洁,同时还要注意:忌面面俱到,冗长多余;忌辞采华丽,哗众取宠;忌谦虚过度,自我贬抑;忌过分自信,自视清高;忌倾诉悲苦、企求同情;忌行业不熟,班门弄斧。

二、领导干部就职演讲的概述及写作要领

就职讲话是指新就任某种领导职务的干部,向其下属或其他特定对象发表见解,陈述观点,提出任期打算及奋斗目标时的讲话。一般来讲,撰写领导就职演讲稿时,要注意两方面问题:

1.态度要坦率真诚。就职演讲稿实际上是新任领导者对其下属的一种表态和承诺,其目的是要取得下属的信任和支持。因此,在撰写演讲稿时,率真的态度非常重要。

2.风格要朴实庄重。就职讲话是就职者极为严肃庄重的事情。因此,就职讲话在风格上一定要朴实庄重,多使用叙述的表达方式,并辅之以说明和议论的表达方式,而不宜用描写和抒情的表达方法。

———— 范文经典 ————

范例 1　领导干部就职演讲致辞

××镇人民政府镇长就职讲话

×××

(20××年×月×日)

各位代表、同志们:

今天,我当选为××镇人民政府镇长,这是人民代表和全镇人民对我的信任和重托。在此,向各位代表和全镇人民表示真诚的感谢!

在新的工作岗位上,我深感自己身上的责任与分量。我必将恪尽职守,不辱使命,励精图治,不负众望,认真履行人民赋予的权力,不遗余力地做好各项工作。镇长的任期是有限的,但责任是无限的,我决心从今天开始,用三句话来书写自己的任职档案:

一是把维护人民群众利益作为一切工作的出发点和立足点。镇长是人民代表选出来的,为人民服务就是镇长的天职,要带着对人民的深厚感情去工作,努力做到权为民所用,情为民所系,利为民所谋,立党为公,执政为民,关注弱势群体,为老百姓办实事,解难题,谋福利,把自己的全部力量和才智献给××人民的事业。

二是以经济建设为中心,千方百计促进经济和社会事业全面发展。镇长和政府的工作说到底就是七个字:"落实、落实、再落实",就是落实镇党委的决策。我决心和镇政府班子在以×××同志为班长的镇党委领导下,在镇人大、政协的监督支持下,紧紧依靠全镇人民群众,围绕"创现代化强镇,建生态型××"的总体目标,坚持以人为本,突出抓好三农问题、工业强镇和城乡一体化三个方面的工作,为确保本次大会通过的经济发展总体目标而努力奋斗。

三是建设一个服务型的政府领导班子,进一步优化发展环境。我作为镇主要领导之一,将身体力行,率先垂范,努力实践"执政成本经济型、机关办事效率型、政策措施效果型"的执政理念,团结和带领政府班子成员,认真担负起全面建设小康社会的领导责任和历史使命。

当前,××镇政通人和,正面临一个解放思想、干事创业、加快发展的大好机遇,我相信,有镇党委的坚强领导,有镇三套班子、老领导、老同志、全体代表和全镇人民的支持、配合和监督,有历届政府打下的良好的经济发展平台,东吴人民有能力建设一个更加开放、富裕、美丽的新××!

谢谢大家!

第二节　领导干部述职演讲致辞

撰写要领

一、领导干部述职演讲的概述

述职讲话是指党政机关、企事业单位、人民团体的在职领导干部或者职工，向所在单位组织、人事部门、上级机关或下属，如实陈述本人在一定阶段内履行职责情况的讲话。

二、领导干部述职演讲稿的写作格式

述职演讲稿的结构由标题、署名、主送单位（称谓）、正文、结束语、附件、落款等部分组成。

1.标题。述职演讲稿的标题有以下几种写法：

（1）直称式。如"述职报告"。

（2）公文式。由任职时限+任职名称+文种构成。

（3）文章式。如"做经济工作也要讲政治——××公司经理兼党总支书记×××的述职报告"。

2.署名。署名一般应在标题的正下方，也有在正文之后的落款处。除了述职人姓名外，往往还要在前面冠以单位和职务名称。如果标题中已出现述职人的姓名，则不必再有单独的署名一项。

3.主送单位。指述职报告的主送机关或听众（受众）的称谓。向上级领导呈送的述职报告，应按照公文写作的规范格式，在正文之前的第一行顶格写明主送机关；如果是在一定的场合当场向领导或下属宣读的述职报告，则应

69

当使用一般的对人称谓。

4.正文。应当写得材料充实、具体,观点正确、可信,结构完整、清晰,语言朴实、准确,既符合上级组织、人事部门对述职报告规定的内容,又合乎述职报告文体格式的要求。

5.结束语。述职报告的末尾还应有一个明确的结束语,如"述职至此,谢谢大家"、"以上报告,敬请批评指正"等。这类习惯用语既显示了对上级领导或下属群众的尊重,又在一定意义上表达了自己做好工作的愿望。

6.落款。述职报告全文结束后要有落款,即述职者职务、姓名和成文日期。如在标题下已有署名,此项可省略。

另外,述职报告如有附件,要写明件数、名称;若要抄报、抄送其他有关领导和部门,应在文底注明。

三、领导干部述职演讲稿的写作要领

1.岗位职责和工作目标要明确清晰。要做好本职工作,首先就应该明确自己的岗位职责和工作目标。同样,要写好述职报告,述好职,也必须明确自己的岗位职责和工作目标,并以此作为标准,来检查总结自己的工作。

2.内容要实事求是。这要求述职者要以事实为依据,对做了哪些工作,进展如何,结果怎样;取得了哪些成绩,存在着哪些不足,获得了哪些经验,得到了哪些教训等,都要客观地陈述出来。

3.陈述要详略得当。即要求述职演讲稿撰写者从总结的角度,抓住要点进行陈述,该详则详,该略则略。

4.个性要鲜明突出。领导干部在写述职报告时,一定要注意到不同的岗位、不同的工作任务所带来的差异性,写出有各自特点的述职报告。

───〔❀ 范文经典 ❀〕───

范例 1 　领导干部述职演讲致辞

下派干部个人述职报告

×××

（20××年×月×日）

　　20××年×月×日,我有幸成为省第×批下派干部中的一员,来到××办事处××社区担任第一书记。下派一年来,我在县委组织部和××办事处的直接领导下,在××社区全体党员干部的大力支持下,紧紧围绕任职工作目标,结合实际,真抓实干,理出了社区发展思路,强化了社区班子建设,办成了一些居民所需所盼的实事,工作初见成效。现将任职以来的工作汇报如下:

　　下派之初,我通过调查走访,了解掌握了社区基本情况。我所任职的××社区位于××的城乡结合部,现已被列为城市规划区,目前属于过渡时期的城郊型社区。

　　1.社区基本概况:总人口××人,有××个自然庄,分××个村民小组,××个党支部,××个党小组,××名党员,其中女党员××名,35岁以下党员××名,高中以上文化××人,致富能手××人,流动党员××人。

　　2.经济发展特点:因为靠近××岸边,社区内现有××个码头,一个归社区集体所有,另外××个为私人码头,码头收入成为社区集体和个人收入的一个经济增长点。一部分居民多以养殖(养××)为主,现有一千只以上养××户××家,养×存栏量达到××万只左右。有三分之一的青壮年劳动力在城市打工,从事第三产业。

　　3.工作难点:随着城市化进程不断推进,××社区土地逐渐被征用,目前

人均耕地日益减少，又加上社区集体收入很少，仅有码头承包费每年××元，社区居民失地后的社会保障等问题日益凸显，这些都增加了工作的难度。

4.存在问题：从党员队伍来看，年龄上老党员多，青壮年党员少；文化结构上文盲半文盲多，有知识有发展头脑的少；性别结构上男党员多，女党员少，特别是年轻有知识的女党员少。这样"三多三少"的党员队伍很难体现党的先进性。

基于以上基本情况，根据下派任职工作目标，我和社区两委主要做了以下几个方面的工作。

一、加强组织，规范各项工作制度

"加强组织"是省委对下派干部"六句话目标要求"的第一句话。社区支部作为党的最基层的战斗堡垒，能否肩负起带领群众致富的重任，关键在于有没有一个好的党员干部队伍，有没有一个以社区支部为核心的团结坚强，富有号召力、领导力的社区两委班子。到社区任职以后，我把这项工作作为首要任务来抓。具体做了以下几项工作：

1.加强阵地建设，规范党员活动室。刚到任那天，我曾经面对社区"一贫如洗"的党员活动室而一筹莫展：门窗残缺不全、墙面斑驳陆离，室内仅有的物品是一张破旧的乒乓球桌和几条长凳。这样的条件显然不能适应党员教育的新形势、无法满足党员活动的新需求。为此，我上任后抓的第一件实事就是把党员活动室按照组织上要求的"八有"标准进行完善。经过一年的努力，社区党员活动阵地已经展现新貌。

2.加强班子建设，提高班子战斗力。今年×月份，为了加快××办事处园区建设步伐，促进社区各项工作的开展，在办事处领导的重视和领导下，对社区两委班子做了重大调整，调整后的两委班子成员精诚团结，思想解放，有很强的发展意识和服务意识，战斗力较以前有很大的增强，为社区今后的发展奠定了良好的基础。

3.培养发展新党员，为社区党组织输入新鲜血液。通过"双培双带"活动，目前已有××名致富能手递交了入党申请书，被支部列为党员发展对象。

有××名预备党员按期转为正式党员,并列为社区后备干部。党员队伍建设呈现出了勃勃生机。

4.规范各项工作制度。建立了党员远程教育学习制度,建立健全了党员学习生活制度,党员双向承诺制度,完善了社区干部日常工作考勤制度。这些制度的建立,确保了各项工作的正常进行和党员活动的正常开展。

5.实行党务公开和村务公开。社区于今年×月份按标准建了公开栏,每季度首月的×日为党务公开和村务公开日。让社区各项工作在阳光下操作,给群众一个明白,还干部一个清白。

二、发展经济,富裕居民,加快园区建设步伐

"发展经济,富裕农民"是我们下派干部工作的重点。鉴于××社区的地理优势及特点,我们社区两委将社区发展方向定位为"抓住码头求效益,立足养殖求规模,依托园区求发展"。

1.利用××沿岸的地理优势,在码头上求效益,这是增加集体收入和居民个人收入的一个重要方面。对此,我们给予了保护和扶持。

2.以养×为主的养殖业渐成规模,成为社区居民收入的又一主要来源。对于养殖大户,我们不断对他们进行精神上的鼓励,政策上的引导,还帮助他们申请项目资金,帮助养殖户扩大养殖规模。

3.加快园区建设步伐,促进社区经济发展。自下派以来,社区两委在园区征地方面,配合办事处做了大量艰苦细致的工作。一年来社区已征地××亩,有××家招商引资企业进驻。其中,×××驾校占地××亩,×××肥业占地××亩,×××肥业占地××亩……这些企业目前正在投资兴建中,这将为××解决一大批劳动力就业问题,并带动第三产业的发展。成为增加社区居民收入的又一个有效途径。

4.加快社区道路等基础设施建设步伐。社区两委在上半年配合县、办事处,做了很多对××大坝加固拆迁的宣传工作,目前此项工作正在顺利进行;按照规划要求,辖区内的"村村通"工程××路已于上半年修好,××村居民组还修复了水泥路面××米,方便了群众出行。改善了社区路况,提高了群众生

活质量。

一年来,居民的年均收入由去年的××元增加到××元。其中,码头收入××万元,养殖业收入××万元,种植业收入××万元,外出务工收入××万元左右。随着园区建设的发展。居民的收入还有望增加。

三、抓好综合治理,注意矛盾排查,维护社会稳定

"维护社会稳定"也是下派干部的重要职责之一。为此我们社区两委做了以下具体工作:

1.开展法制教育。今年是"五·五"普法第×年,×月份是宣传月,社区两委对不同人群先后进行了×次法制讲座。×月份,社区两委组织××人到县大戏院听取县委、县政府关于打击"两违"工作动员报告,回来后成立了"两违"整治工作小组,对社区违法建房、私自买卖土地进行规范,对现有房屋进行逐人逐户登记,严格一户一宅制度。

2.做好矛盾化解。上半年,社区两委先后调处矛盾×期,阻止了上访户×期。一些矛盾在基层得到了处理,并使一起治安案件未能转为刑事案件。

3.搞好计划生育。计划生育是基本国策,也是基层工作的重点和难点所在,为此社区对此项工作给予了高度重视。明确了分工,每个社区干部都有自己的联系点;明确了责任,每个社区干部都要对自己的联系点的计划生育情况负起责任。每个月的前两天为计划生育例会时间,社区干部要在例会上互通计划生育工作信息,对出现的问题及时进行处理。并做好独生子女户的优抚兑现工作以及术后的随访工作。这些措施有力地促进了社区计划生育工作的开展。上半年,全市计划生育工作大检查,我社区被随机抽到,检查结果令人满意。得到办事处××元的现金奖励。

总之,在各级领导的关心支持下,在社区全体党员干部群众的共同努力下,我下派第一年的工作初见成效,完成了年初制定的各项目标。今年×月,我被××办事处授予"优秀党务工作者"称号。回顾一年来的工作,有成绩也有不足。比如,在促进居民增收方面办法不多,社区集体经济发展后劲不大,"造血功能弱",等等。在今后两年的时间里,我将时刻牢记使命,不负组织和群众的重托,与时俱进,奋力拼搏,不断开创任职工作的新局面,为实现三年任职目标而努力工作。

范例 ② 　在领导干部述职评选会上的演讲致辞

在部分省级工商行政管理局主要领导干部
述职述廉汇报会上的讲话

×××

(20××年×月×日)

同志们:

刚才,听了×个省(区、市)工商局局长述职述廉汇报,大家围绕贯彻党的十七大、中央纪委二次全会和全国工商行政管理工作会议、党风廉政工作会议精神,落实党中央、国务院及中央纪委、中组部和地方党委、政府关于党风廉政建设的工作部署和有关制度规定,坚持"一把手"负总责,抓班子、带队伍,努力做到"四个统一",推进"四化"建设,坚持"五抓",建设"三个过硬"队伍,坚持民主集中制等方面的内容,重点谈了加强思想政治建设、作风建设和党风廉政建设,推进制度创新,构建反腐倡廉长效机制等方面的主要做法和取得的成效,查找了存在的薄弱环节,提出了改进措施。

大家谈得都很好,总体来讲,使我们感受到:

一、同志们都高度重视述职述廉汇报,对述职述廉汇报制度的认识不断深化

汇报材料准备充分,都是在广泛征求意见的基础上,班子集体研究形成的。有的还专门向省委、省政府和有关部门进行了汇报,得到了他们的指导,说明大家对这项工作是高度重视的,对总局党组的部署是认真执行的,这也从一个侧面反映了大家对党风廉政建设和反腐败工作的重视。

1.大家对述职述廉汇报制度定位的认识更加准确,对落实这项制度的思路更加清晰,都能够按照科学发展观的要求,把这项制度作为促进和谐社

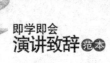
会建设、提高市场监管能力、促进各项任务完成的重要保障抓落实。××省工商局谈到通过"抓教育、抓制度、抓惩处"三个抓手,强化目标责任管理,强化监督检查,确保党风廉政建设落到实处。

2.利用多种形式,广泛开展述职述廉。例如,借鉴总局推行述职述廉汇报制度的做法,多数省局在拓展述职述廉主体方面做了有益的探索,组织了内设机构、直属单位和地(市、州)工商局主要负责同志向省局党组(党委)述职述廉,有的开展了基层行政执法人员向监管服务对象代表述职述廉,都取得了很好的效果。

3.同志们落实述职述廉汇报制度的自觉性和主动性也有了新的提高。特别需要指出的是,自"5·12"地震以来,四川省局×××局长、陕西省局××局长一直带领全系统工商干部抗震救灾,在非常繁忙、非常疲劳的情况下,仍然坚持述职述廉汇报。

二、大家都能够率先垂范,认真履行党风廉政建设责任制

述职述廉汇报中,在情况分析、查摆问题、制定措施等各个环节,大家都能够把自己摆进去,都能够认真学习党的十七大、中央纪委二次全会、国务院第一次廉政会议和工商系统工作会议、廉政工作会议精神,清醒认识反腐倡廉面临的形势,不断增强责任感、使命感,尽职尽责、尽心尽力,模范遵守党风廉政建设各项要求,履行"一岗双责",切实发挥"第一责任人"重要作用;都能够坚持民主集中制,在重大问题上坚持集体研究、集体决定。例如,××省局领导班子严格落实"十六字"方针,党组会、办公会、局务会决策做到了过程民主化、程序规范化、结果公开化。近年来××省局的全面建设取得快速发展,为全国工商行政管理改革创造了很多经验,但×××局长谈及工作中的成绩不多,谈及不足时,态度恳切诚挚,体现了非常高的工作标准和本人坚定的党性原则、良好的思想作风。××省×××局长注重理论学习,深入调查研究,不断培养政治敏锐性和应急应变能力,发扬民主作风,营造和谐氛围,树立非权力性威信,努力做到"公"和"廉",以身作则,带动团队。大家对廉洁自律的自身要求是高的,廉政这根"弦"绷得是紧的,并且能够自觉做到用自身言行影响班子成员和部属,这样抓班子、带队伍、促作风最有说服力。

三、大家都能够以加强作风建设为重点,促进各级领导班子和党员干部队伍建设

党的作风关系到党的形象,党风正则干群和,干群和则社会稳。全国工商系统各级领导班子和党员干部队伍的作风如何,对工商行政管理事业影响重大,影响深远。对此,各省级工商局都能够在新的形势和任务面前,牢记职责、不辱使命,把队伍建设作为党风廉政建设和反腐败工作的重点内容和基础性工作来抓,各级领导班子和党员干部队伍建设取得了令人瞩目的成绩。四川省局领导班子在×××同志带领下,始终坚持正人先正己,要求部属做到的,自己首先做到,公开表态"向我看齐、对我监督",用实际行动做廉政表率。汶川地震发生后,四川省局领导班子关键时刻冲得上去,在大灾面前指挥有力,身先士卒,带领全省工商系统冲在一线,为全国工商系统应对突发事件提供了很好的经验。上海市局作为市纪委"三个更加注重"试点单位,围绕执法办案和资金管理两个重点环节,针对分局领导、科所队长和基层执法干部,确定了政务公开、资金管理、执法办案等六项重点廉政工作内容,促进了队伍建设。

四、大家都能够结合本系统工作实际,创造性地开展工作

1.大家能够在全面把握党风廉政建设方面总体情况的基础上,积极探索党风廉政建设新路子,结合当地实际,按照科学发展观的要求,创造性地开展工作。陕西省局围绕加强对行政审批权的监督制约,实施登记和监管职能分离,在各级注册大厅设置了服务质量评价系统,大力推进政务公开和一厅式服务。

2.注重以改革创新精神抓党风廉政建设,每位同志谈到的做法中都有符合当地实际、反映系统特点、体现时代特征的亮点。多数省局领导班子与处室负责人和地(市、州)工商局主要领导干部签订《党风廉政建设责任书》,建立了省局领导廉政建设联系点和干部任职廉政谈话制度,拓展了监督领域,丰富了监督方式。

3.自觉地加强党风廉政制度建设,努力构建长效机制。××局认真实施廉政风险点防范管理,先后制定了《暂扣罚没物资管理办法》、《行政处罚自由裁量权行使规定》等,初步形成了一套廉政制度体系。

4.自觉把党风廉政建设融入到其他工作中,搞好与班子建设、政风行风建设、基层建设的结合,避免"弹空弦、唱空调"。××局注重把党风廉政建设融入到加强班子建设、政风行风建设和基层建设之中,把基层蹲点制度作为加强廉政建设、转变作风的重要举措。

5.大家都能够切实履行职责,工作成效明显。主要负责同志带领"一班人"认真贯彻党中央、国务院和当地党委、政府以及总局党组关于加强党风廉政建设的各项决策部署和要求,狠抓落实,各项工作取得了显著成绩。据总局统计,截止到×月底,全国共有××个省(区、市)工商局和××个副省级市工商局参加了当地有关主管部门组织的政风行风评议活动,××等××个省级工商局取得了佳绩,另有××、××等××个省级工商局被评为政风行风"免评单位"。总的来看,工商系统在政府行政执法部门中政风行风的排名是靠前的,进步是明显的。这些成绩的取得,是与各单位狠抓以保持党同人民群众血肉联系为重点的作风建设分不开的,是与各单位自觉努力做到"四个统一"、加强"四化"和"三个过硬"队伍建设分不开的,是与在党风廉政建设中"一把手"负总责、领导班子各负其责、纪检监察组织协调、各部门密切配合、广大干部共同努力分不开的。

总之,这次述职述廉汇报,达到了预期目的,为不断坚持和完善述职述廉汇报制度,积累了成功经验,奠定了坚实基础。希望各地通过这次述职述廉汇报,认真学习、借鉴×个省(区、市)工商局好的做法和经验,推动各项工作不断向前发展。下面,我就进一步加强全系统党风廉政建设和反腐败工作讲几点意见:

一、贯彻落实《建立健全惩治和预防腐败体系2008~2012年工作规划》,抓好党风廉政建设和反腐败工作。(略)

二、积极探索党风廉政建设和反腐败工作新途径,努力构建反腐倡廉长

效机制。(略)

三、切实增强责任感、使命感,强化组织领导和工作落实,进一步推动党风廉政建设和反腐败工作的深入开展。(略)

同志们,今年的时间已经过去了一半,我们的工作任务还很繁重。希望大家按照工作部署,一手抓监管执法不放松,一手抓反腐倡廉不动摇,再接再厉,扎实工作,圆满完成今年的各项任务。

第三节　领导干部竞聘演讲致辞

撰写要领

一、领导干部竞聘演讲的概述

竞聘讲话,是指竞聘者竞聘某一职位时,在特定的场合、面对特定的听众所发表的用以阐述自己竞聘优势及对被任职工作的设想和打算的讲话。

二、领导干部竞聘演讲稿的写作要领

1.开头部分直奔"主题"。开头部分直奔"主题"是指竞聘讲话要开门见山地把竞聘目标指向某一明确的岗位,告知大家自己竞聘的是哪一个具体的职位。

竞聘演讲稿开头部分由称谓、祈请语或致谢辞两个方面的内容构成:

(1)称谓。竞聘演讲稿大多使用泛指性称谓,如"各位领导、各位同事"等。

(2)祈请语或致谢辞。在竞聘演讲稿的称谓后面宜用一两句礼节性的致谢辞作为正文的前置,并以此导入正题,以引起招聘者的好感。

2.主体部分突出"主题"。

(1)自然情况。简洁而翔实地介绍竞聘者的姓名、年龄、政治面貌、学历及专业、职务及职称、简历等情况。

(2)竞聘条件。这部分内容要阐明竞聘者凭什么理由和资格竞聘该职位,有什么超出其他竞聘者的优势,诸如经历方面的优势、学识水平方面的优势、综合素质方面的优势等。

(3)聘后设想。主要写竞聘者所设想的被聘任后的工作目标与措施。即根据所竞聘职务和个人的具体情况,将就任后的工作目标,主要设想、打算,包括拟采取的措施、办法以及要达到什么样的效果等集中作出表述。

3.结尾部分升华"主题"。结尾也是竞聘演讲稿的重要组成部分。由于这部分内容是通篇演说的收束,故一定要写得简明扼要,自然贴切。好的结尾应语尽而意不尽,意近而旨远。用"点睛"之笔,在结尾外升华"主题"。

4.气势要先声夺人。竞聘演讲的一个重要特征就是具有竞争性,而竞争的实质是争取听众,壮大己方支持者的队伍。要做到这一点的有效方法之一,就是在气势上"压倒"对手。作为竞聘演讲者,要想获取竞聘成功,首先就应该有渊博的知识、浩然的正气、对党的事业和群众无限热爱的感情。

5.态度要真诚老实。竞聘讲话其实就是"毛遂自荐"。自荐,当然应该将自己优良的方面展示出来,让他人了解自己的才华。但要注意的是,在"展示"时,态度要真诚老实,有一分能耐说一分能耐。

6.语言要简练有力。竞聘讲话虽是宣传自己的好时机,但也绝不能为了全面"展示才华"而长篇累牍。应该学会用简练有力的语言把自己的思想表达出来。

7.内心要充满自信。作为一个竞聘讲话者,自信是成功的一半。当充满自信时,所撰写的竞聘演讲稿就会内容充实;当充满自信时,站在演讲台上面对众人时就会从容不迫,就会以最好的心态展示自己。

─── ❦ **范文经典** ❦ ───

范例 1 **领导干部竞聘演讲致辞**

国税局办公室主任竞职讲话

×××

（20××年×月×日）

各位领导、各位同事：

首先，感谢局领导和各位同仁的信任和支持，给我参加竞职演讲的这次机会。

站在台上，面对这么多的评委，面对这么多真诚而充满鼓励的目光，我的心绪难以平静。今天，对于像我一样上台演说的同仁来说，不仅是一次展示自我、认识自己的机遇，更是一次相互学习交流、接受评判的机会。

我竞聘的岗位是办公室主任。我清楚地认识到，要成为一名合格的办公室主任不容易，他不仅是一位部门的负责人，还是一个单位的管家；不仅要有实干精神，还要善于谋略；不仅要熟悉税收业务，还需要有广博的知识；不仅要有高超的组织管理水平，而且还需要有良好的人际沟通能力。虽然，我在过去的工作中也积累了不少经验，但我深知自己距离领导的要求和全局职工的希望肯定还有不少差距。20××年即将过去，回顾过去的一年，在局党组的正确领导下，我与办公室全体人员一起，紧紧围绕税收中心工作，尽心尽力地做好日常的各项事务工作，努力为业务科室、基层税务所的工作提供优良的服务；围绕全局改革和发展中出现的新情况、新问题，认真进行调查研究，为领导出主意、想办法、制规定，搞好协调，推进工作，积极发挥参谋助手和桥梁纽带作用。按照×××局长提出的新形势下税务系统办公室工作的总体要求，认真履行局领导赋予办公室的工作职责，保证全局各项工作的顺利开展，使办公室在全局工作中真正发挥了参谋助手、协调综合、审核把关、运转保障、督促检查的五大作用。这一年多的时间，办公室的工作实践使我深切地感受到，要做好工作，最重要的是能得到领导和同志们的理解、帮助和支持。在此，请容许我向你们表达我深深的谢意！

随着征管改革和信息化建设的不断推进以及经济社会的飞速发展，国税工作面临着极大的发展机遇和更为严峻的考验。办公室作为领导机关的参谋部、信息库和智囊团，客观上要求办公室主任具有良好的素质。假如本次竞争我能荣幸担任此职务，我立志做到以下四个方面：

一、献计献策，当好"参谋员"。办公室作为联系上下左右、前后内外的桥梁，是各种信息的集散中心。如果我能当选办公室主任，我将积极主动地站在全局的角度思考问题，把握好全局的中心工作，为领导决策提供信息、出谋划策，当好"参谋员"。

二、立足本职，当好"服务员"。为领导服务是办公室主任义不容辞的职责，领导交办的事要不折不扣地完成，但是，为领导服务的出发点和落脚点却是为科室服务、为全局干部职工服务。如果我能当选办公室主任，一定会密切联系全体职工，积极倾听大家的呼声，了解和关心大家的需求，多干实实在在的事情，为大家当好"管家"，做一名合格的"服务员"。

三、搞好关系，当好"协调员"。办公室处于我局的枢纽位置，需要处理内部和外部的各种关系。如果我能当选办公室主任，一定会注重团结、顾全大局，与办公室全体人员一起协调好各种关系，以确保我局工作的正常运转。

四、加强管理，当好"管理员"。办公室工作面宽事杂，只有加强管理才能保证工作宽而不推诿，杂而有序。如果我能当选办公室主任，一定要努力提高管理水平，完善各项规章制度，切实改进工作方法，努力开拓创新，善于调动全体办公室人员的工作积极性和创造性，使办公室成为一个团结协作能战斗的集体。

当然，除了担当好"参谋员"、"服务员"、"协调员"和"管理员"的角色以

外，作为一名合格的办公室主任，还必须具备无私奉献、吃苦耐劳的精神，做一头忠诚的牛、老实的马、受气的羊、忙碌的骆驼；要像蜡烛一样，燃烧自己，照亮别人；像竹子一样，掏空自己，甘为人梯。要成为一名合格的办公室主任，还必须善于学习、勤于思考，除了提高政治理论水平以外，还必须不断学习吸收新的科技知识、宏观经济知识和税收专业知识，以丰富内涵，拓展视野。

我不想发出"给我一个支点，我来撬动整个地球"这样的豪言壮语，因为我知道，我的能力和水平有限。但是，我想表达一个愿望："给我一个舞台。让我来为国税局的发展尽一份责任。"我深切地感受到，个人的希望已经与全局的命运联系在一起，作为一份子，无论在哪个工作岗位上，理应为它的发展奉献智慧和能力。在我亲眼目睹了它从小到大发展的历程，现在，随着开发区步伐的加快，局领导提出要在各项工作已上新台阶的基础上向更高的目标迈进。这一切更激发出我对税务工作的热爱和不断学习创新的热情，同时也将赋予我追求事业发展的执著和责任。

回顾自己的成长历程，我深深感谢各位领导、同志们对我的教育和帮助；感谢局领导教我怎样做人，怎样处事；感谢历任办公室领导为我打下良好的基础；感谢办公室全体成员对我工作的配合；感谢各兄弟科室和税务所的同志对我的大力支持。这些都将是我宝贵的政治财富、精神财富，都将使我终生受益，相伴永远。

我深信，在座的每一位同仁也必定迎来更加美好的未来。朋友们，让我们一起风雨同舟，为国税局的美好明天而努力奋斗吧！

第四节　领导干部调动、离职演讲致辞

撰写要领

一、领导干部调动、离职讲话的概念

领导干部离职、调动讲话是指领导干部在工作调动或任职届满、离退休时,在原单位全体同志欢送会上发表的离职告别讲话。

二、领导干部调动、离职演讲稿的写作要领

1.开头。阐明即将离任(调动)的心情,或说明离职的原因,并感谢大家对自己的信任和支持。

2.正文。总结成绩要实事求是;回顾失误要敢于承担责任;表示谢意要诚挚;提出希望要恳切;语言表达要自然、真切,富有感情色彩。

3.结尾。表示做好今后工作的决心和对未来事业的向往,同时表达对原任职单位的深切希望和美好的祝愿,向大家再次表示感谢。

❈ 范文经典 ❈

范 例 ① 领导干部调动时的告别演讲致辞

离职告别即席讲话

×××

（20××年×月×日）

同志们：

这次的年终总结会议，我的感受非同寻常。一方面，我还挂着书记这个职位，而事实上我已经离开乡工作了。在这种情况下，×乡长带领大家取得了很好的成绩，可喜可贺；另一方面，今天，是我以党委书记的身份最后一次与大家共聚一堂来回顾过去，畅谈未来，心情格外激动。后天，新的书记就要到任。

我是20××年×月×日隆冬的时节来到这里。我清楚地记得，来到××的这一天阴雨连绵，而今我也将伴着斜风细雨离去。已到中年的我，就要挥别这曾经工作过的地方，此时此刻，我的心情很不平静。回顾过去的7年，这几日我辗转难眠，有太多的感慨和留恋，依依不舍之情常常浮现在眼前。这里有我朝夕相处的同事，有给予我无私帮助的朋友，有以大局为重支持理解我的同志们，有视我为家人的农民兄弟姐妹。借此机会，我要向你们并通过你们向你们的家人及全乡广大干部群众致以诚挚的谢意！

我从机关到××任党委书记，任职时间×年零×天，在我人生的道路上可以说长，也可以说短。长的是我只在一个乡工作，一个乡连续任职长达×年的不多，可以说××是我的第二故乡；说短是感觉×年的时间如过眼云烟，转瞬即逝，仿佛还是昨天。今天在此回顾过去工作的历程，可用四句话来概括：满腹冤屈地到来,茫然无助地探索,奋发图强地工作,满怀信心地离去。

我虽然离开乡到机关工作已经半年多了,但因为一直还兼任了这里的书记,所以时刻不忘自己是一个××人。直到今天快要真正离开时,我才真正理解了来去匆匆的内涵,虽然区区×年不过是漫漫人生旅途中的弹指一挥间,但这里良好的环境,朴实的作风,真挚的情感,热情的同志,淳朴的农民,都给我留下了不可磨灭的印象。在××这块大有希望的热土上,我度过了值得终生回忆的无悔岁月,也为××的经济发展和社会进步贡献了一份微薄之力,与同志们一道见证了××的稳定和发展,使我对这里充满了浓浓的乡情。"人非草木,孰能无情",如今将要离去,真可谓"别有一番滋味在心头"!但是我想,无论走到哪里,今后××都将是我魂牵梦绕的地方,我将时常想起它。即使在此时此刻,我每每想起同志们对我工作的大力支持和个人的鼎力相助,都深受感动!

在过去的工作中,作为党委一把手,在班子成员的支持下,我尽最大的努力,做了一些有利于全局、有利于同志们的事情,有一些还在实施之中,有一些没能够实现,我也备感遗憾!"人非圣贤,孰能无过",我在工作中,肯定会有一些事情没能做到尽善尽美,虽然我讲原则重感情,但由于对工作要求过严、过急,难免会伤害一些同志的情感和自尊;虽然我在谋求××经济发展的同时,也曾大力培养和推荐过许多优秀干部,但总因受职数限制或各种因素影响,还有一些很优秀的干部没有得到重用,在此我深表歉意恳请谅解!也相信同志们都能从工作角度对我个人和我的工作给予理解。让我备感欣慰的是,这次乡镇主要领导调整,唯独我乡提拔了两个正职,加上早先的我,连提了三个,不仅在全县干部中反响很大,且在××干部史上也是空前的,这是组织的关心,也是我们大家共同奋斗的结果。

"人生自古伤别离",工作的需要不以我个人的意志为转移,我要遵照县委安排,离开我曾经工作和生活过的地方,离开与我并肩战斗的同志们。虽然离开了这里和大家,但我会一如既往地关心××社会事业的发展,关注同志们的成长和进步。

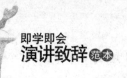
新的书记后天要到任,新任书记曾是我过去的同事,我们同时参加工作,他农村工作经验非常丰富,工作能力也很强,我希望新的书记到任后,在座的同志们能携手并肩,真抓实干,继续保持好良好的品行,认真的工作态度,执著的目标追求,打造新××,创出新特色,努力开创××更加辉煌的明天。最后让我把各种情感汇集成对同志们的良好祝愿:祝同志们身体永远健康,家庭幸福和睦,万事顺心如意!春节快乐!请大家在路过或者去县城办事时,到我家里或单位做客,我会热情地接待你们!

谢谢同志们!

范例 2 在领导干部离职座谈会上的演讲致辞

在离退休人员座谈会上的讲话

×××

(20××年×月×日)

各位尊敬的老同志:

今天,我们把各位请来,在这里举行座谈会,主要是对大家即将离退职休养表示欢送。

记得有人说过:童年是一幅画,少年是一个梦,青年是一首诗,中年是一篇散文,老年是一部哲学书。由此,我衷心地祝贺各位老同志步入了哲学家的行列,并表示真诚的敬意!

在过去的岁月中,各位老同志为了我们××的建设,呕心沥血,任劳任怨,洒下了辛勤的汗水,做出了无私的奉献。从你们身上,我们学到了"不要人夸颜色好,只留清气满乾坤"的高尚品格;学到了"春蚕到死丝方尽,蜡炬成灰泪始干"的敬业精神;学到了"精诚所至,金石为开"的待人哲学;学到了"契机而运,拙法成巧"的处事艺术。我们为有你们这样的老同志而感到自豪!

在党和政府的关怀下，各位因为年老而即将光荣地离开自己的工作岗位，但年老不仅仅意味着年纪大，更不等于老朽无为；年老还意味着经验和智慧、彻悟和超脱；也意味着人情练达和世事洞明。只要老骥志在千里，总是夕阳无限好！我坚信：有全体在职人员的勤奋开拓和努力进取，有各位老同志的支持，我们××的明天一定更加辉煌！

最后，由衷地祝愿各位老同志身体健康，心情愉快，福如东海，寿比南山；祝愿城居者"心远地自偏"，乡居者"悠然见南山"！

谢谢大家！谢谢！

最新
适用版

第三章

开幕式、闭幕式
演讲致辞

第一节　开幕式演讲致辞

撰写要领

一、开幕词的概述

开幕词是各级党政机关、社会团体、企事业单位在会议开始时,由会议主持人或主要领导人向大会所做的重要讲话。这种讲话,说明开会宗旨,简介大会情况。

二、开幕词的写作格式

1.标题

(1)会议全称加上开幕词,如"××第××次全国代表大会开幕词"。

(2)领导人姓名加会议全称再加上开幕词,如"×××同志在××会议上的开幕词"。

(3)采用正、副标题结合的形式,如:

贴近人民生活,标举时代精神

——××××协会第××次代表大会开幕词

2.称谓

一般写作"各位代表"、"先生们、女士们",如有特邀嘉宾,可写作"尊敬的××先生,各位代表,朋友们"等。

3.正文

(1)向大会介绍参加的领导同志和各方面的来宾,通报到会代表人数和团体名称。

（2）回顾过去的工作、成绩、经验及不足。

（3）提出本次会议的议题和议程。

（4）阐明会议的意义并作出预示性的评价。

（5）提出对与会代表的希望和要求。

范文经典

范例 1　在才艺大赛开幕式上的演讲致辞

在××杯××市首届"阳光少年"才艺大赛开幕式上的致辞
团市委书记×××

各位领导、各位来宾、亲爱的小朋友们：

热情似火的今夜灯光璀璨、激情四射。由团市委、市教育局、市少工委联合主办，市青少年宫承办、××有限公司协办的(××杯)××市首届"阳光少年"才艺大赛今天在这里正式拉开了帷幕。在此，我代表团市委、市少工委对所有参赛选手的积极参与，以及家长们的大力支持，表示衷心的感谢！对各位领导和各位来宾的光临，表示热烈的欢迎和诚挚的谢意！

"阳光少年"才艺大赛是一项综合性的少儿才艺比赛，是少年儿童展示自信、展现才华的舞台！我们这次活动的主题是"我的舞台、我精彩！"举办这次大赛的主要目的是为了进一步丰富学生的暑期文化生活，充分展现我市少年儿童的艺术天赋与才华，同时通过比赛挖掘和培养一批优秀的文艺人才，促进我市少年儿童文化艺术事业的进一步发展。

本次才艺大赛共分少儿××、少儿××以及少儿××三个类别。经前期的大力宣传和广泛发动，在学生、家长和老师的热情参与和大力支持下，截至报

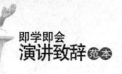
名时间本次大赛共有××名选手参加少儿××大赛、××名选手参加少儿××大赛、××名选手参加少儿××大赛。

我们相信,有广大学生、家长、老师和社会各界的热情参与和大力支持,"阳光少年"才艺大赛一定能办得成功,而且一届比一届办得精彩!最后,祝首届"阳光少年"才艺大赛取得圆满成功!祝小朋友们暑期快乐、健康成长!

谢谢大家。

范例 ② 在职业技能竞赛开幕式上的演讲致辞

在"环境杯"××市容环卫行业职业技能竞赛开幕式上的致辞

××

各位来宾、同志们,各位参赛选手:

大家好!"环境杯"××市容环卫行业职业技能竞赛今天正式开幕了。首先,谨向前来参加开幕式的领导、来宾表示衷心的感谢!向全体参赛选手和工作人员,并通过你们向辛勤工作在市容环卫第一线的全行业广大职工致以亲切问候和崇高敬意。

由××市市容环卫局主办,××市市容环境行业工会、××市市容环卫行业协会、××市市容环境人才培训中心、××环境集团承办"立足岗位学业务,提升技能谋发展"为主题的"环境杯"××市市容环卫行业职业技能竞赛,首次向全行业开放,参赛单位之广是历届竞赛之最(达××多家),竞赛×个项目中,××、××两个项目及××表演赛项目是本次竞赛新推出的,更突出了市容环卫行业的特点。因而受到了市总工会、市劳动和社会保障局职业技能鉴定中心大力支持和各参赛单位的高度重视,××环境集团出资冠名。

职业技能竞赛是培养和选拔技能人才的重要途径之一。广泛开展职业技能竞赛活动,能够在全行业掀起学知识、学技术、学业务的"比学赶帮超"

高潮;能够有效培养和选拔一大批企业急需的高技能人才;能够使技能人才获得交流技术、切磋技艺、展示水平的机会;营造一个重视技能、尊重技能人才的社会氛围,提升行业职工的综合素质,提高行业技能型人才在社会中的影响力和认知度。相信,本次竞赛在选拔出一批技艺精湛、技能高超的技能人才的同时,必将对全行业职工整体技能水平的规范与提升起到积极的推动作用。

我衷心希望各位参赛选手把握难得的机遇,充分发挥聪明才智,认真对待,精心准备,沉着应对,以良好的心理素质和精神风貌,赛出风格,赛出水平,取得好成绩;充分展现良好风采,立足本职、爱岗敬业、岗位成才、提高自身素质,努力把自己培养成适应现代化建设要求的新型劳动者;充分发扬艰苦创业精神,勤勉敬业,埋头苦干,奋力拼搏,竭诚奉献,为××市容环卫事业作出更大贡献;希望竞赛工作人员和裁判员要坚持公平、公正、公开的原则,认真负责,一丝不苟,严肃规范,确保竞赛顺利进行;同时我也希望各媒体为竞赛营造良好的外部环境,对竞赛的各项新闻进行多角度、全方位的传播。

最后,预祝本次竞赛圆满成功!

范例 3 在田径运动会开幕式上的演讲致辞

在春季田径运动会开幕式上的致辞
校长××

各位裁判员、运动员、老师们、同学们:

在这春暖花开的时节,我校第×届学生田径运动会隆重开幕了。在此,我代表学校党政工团对运动会的召开表示热烈的祝贺!向为本届运动会付出辛勤劳动的全体工作人员表示衷心的感谢!

健康的体魄是青少年为祖国和人民服务的基本前提,是中华民族旺盛

生命力的体现。长期以来，我校始终树立健康第一的思想，切实加强体育工作，举办了形式多样的群众性体育活动，修建了篮球馆、健身房和50米标准游泳池以及乒乓球、篮球和网球场；如今，学校又建成了××市重点中学第一块"橡胶"运动场。近年来，在大家的努力下，我校体育工作取得了显著的成绩：学校先后荣获"全国群众体育先进单位"和"全国贯彻学校体育卫生工作条例先进单位"、"全民健身先进集体"等荣誉称号。我校女子篮球队首次参加全国大赛获得了亚军，田径队在始终保持全区第一的基础上，参加市重点中学田径运动会也取得了骄人的成绩，为学校争得了荣誉。

老师们、同学们，一年一度的田径运动会是我校体育工作的一件大事，是一次增进团结、增强凝聚力的盛会。举办这次田径运动会，既是对我校体育常规工作的一次综合检查，也是对同学们身心素质、体育运动水平、班集体风貌的一次大检阅。它将极大地推动和促进我校体育工作迈上一个新台阶。

在此，我希望：全体裁判人员认真履行职责，公正评判；全体工作人员坚守岗位，尽职尽责，为大会做好各项服务工作；全体运动员以"团结、进步、文明、参与"为宗旨，弘扬体育精神，顽强拼搏，赛出风格，赛出水平，为班集体争光。同时，希望非运动员同学发扬集体主义精神，自觉遵守大会的各项规定，积极写宣传稿件，努力营造良好的班集体氛围，为夺取运动成绩和精神文明双丰收作贡献。

老师们、同学们，雄壮的运动员进行曲已经奏响，饱满的热情在胸中激荡。运动员们，准备着，挥洒你们拼搏的汗水，跃动你们矫健的身躯，去超越昨天的成功，去拥抱今天的胜利！

最后，预祝本届运动会取得圆满成功！

谢谢大家！

范例④　在民俗文化艺术节开幕式上的演讲致辞

在民俗文化艺术节暨××千年庙会开幕式上的致辞

××市文化局局长××

各位领导、各位嘉宾：

上午好！

在这春暖花开的时节，我们迎来了第二届××民俗文化艺术节暨××千年庙会，拉开了今年我市大型文化活动的帷幕。

去年，为了全面展示××民俗文化艺术，打造××文化旅游品牌，丰富群众文化生活，我局首创了××民俗文化艺术节，与××千年庙会相结合，取得了圆满成功，参观人数达到××万人次，成为千年以来空前的一次盛会。此项活动得到了××区政府的高度重视，经我们共同协商，从今年起，××民俗文化艺术节将落户××，市、区共同打造一个重要的民俗文化品牌。

本届民俗文化艺术节在去年的基础上有了新突破，品种大大增加，内容更加丰富。我们组织了十几支来自各区、县级市的农村民俗文化演出队伍参加汇演，在未来×天里，共有×场各具特色的民俗文化节目在此演出；还组织了十几个传统民间工艺大师现场示范扎狮子头、剪纸、广彩、牙雕和乞巧制作等工艺"绝活"；再加上××区政府现场组织的系列文化活动，共同烘托起本届民俗文化艺术节暨××千年庙会浓郁的节日气氛。

民俗文化艺术体现了中华民族优秀的文化价值和审美情趣，是我国优秀传统文化的重要组成部分。通过持续组织××民俗文化艺术节暨××千年庙会，促进城乡文化互动，展示和加强农村文化，传承非物质文化遗产，对建设社会主义新农村、建设历史文化名城、构建和谐××具有重要的作用和深远的

意义。

我们相信,这一具有浓郁地方色彩特色的文化节会,在各级领导和有关部门的重视与支持下,通过市、区共建、资源整合,必将成为××民俗文化活动的一个"月亮",高悬于××的东部,起到重要的示范带动作用,辐射照耀全市乃至珠三角。

最后,预祝××民俗文化艺术节暨××千年庙会活动取得圆满成功!

谢谢大家!

范例5 在职代会开幕式上的演讲致辞

医院第×次职工代表大会开幕词

×××

（20××年×月×日）

各位代表、同志们:

××医院第×次职工代表大会在上级工会和党总支的关心下,今天隆重开幕了。这是我院广大职工和工会会员政治生活中的一件大事,全体职工代表和列席代表在繁忙的医疗保健业务和防治"非典"的工作中抽空参加了这次会议。在此,我谨代表大会主席团,向莅临大会的领导和特邀代表、列席代表表示热烈的欢迎!向各位职工代表,并通过你们向全院职工特别是在临床第一线的职工致以崇高的敬意和亲切的问候。

出席这次职代会的正式代表共有××名,代表了我院各科室各专业的职工和工会会员,××名列席代表是我院各职能科室、业务科室和工会小组的负责人,××名特邀代表是为我院业务技术建设作出贡献的老专家和热心工会工作的离退休干部。

医院的职工,是推动医院建设和发展的基本力量,工会是党联系群众的桥梁和纽带。几年来,我院业务技术水平和社会效益、经济效益取得了令人瞩目的快速发展和进步,职工的生活福利也有明显的改善和提高。这些成绩,离不开全院职工的努力,也离不开各个工会小组同志们的艰苦创业和无私奉献。实践证明,工会是党团结职工、教育职工的重要阵地。

过去的×年,在党总支和上级工会的领导下,第×届工会委员会坚持贯彻党的基本路线和基本纲领,落实党依靠工人阶级的根本指导方针,认真实践了"三个代表"的重要思想,全面履行工会的社会职能,依法独立自主地开展工会的工作,推动了医院的建设和发展,促进了医院的深化改革。经过不懈的努力,在前×届工会委员会打下的良好基础上,建成了全市医院第一家省级"模范职工之家",获得上级工会的好评。这里,我代表第×届工会委员会,代表即将离任的工会委员和经审委员,向上级领导和关心支持工会工作的职工群众表示衷心的感谢!

这次职代会,我们将按《工会法》和《医院职工代表大会暂行条例》认真地实践职工代表大会的职能。由于"××"防治工作繁重,我们将很多在大会中例行通过的程序,以文字材料形式交到每位代表手中,希望各位代表参考这些材料,在这短短的会议期间,能认真探讨医院建设和发展的经验与教训,能积极参与医院的民主管理和民主监督,为医院的深化改革出谋献策,为在新的一年中实现医院效益再上新台阶的目标而努力奋斗。

这次职代会还有一项重要的议程,就是进行工会的换届选举,全体职工代表将投票产生新一届的工会领导班子。这里,我作为将离任的工会主席,向将由选举产生的工会新一届领导班子提出几点希望:这次会议后,你们将作为工会委员和经审委员,走上为职工服务的工会工作岗位,党组织和职工代表信任你们,给你们创造了一个能够施展才华和为职工服务的舞台,希望你们能珍惜这个机会,这不仅仅是荣誉和权利,更重要的是责任和义务。工会的工作是一项政策性很强的服务工作,如何规范地依法履行工会的职能,代表党组织团结职工、关心职工,维护广大职工的合法权益;如何充分发挥和调动广大职工的积极性和创造力,对你们来说,是新课题,是挑战也是机

遇。相信在党总支和上级工会的关心支持下,你们一定会不负重托,以创新的精神和求实的态度,推动工会工作的发展和进步,创造新的业绩,再谱新的篇章。

各位代表、各位领导,这次职工代表大会,由于"××"防治工作的繁重任务,推迟到今天才召开。但我们相信,在党总支和上级工会的关心领导下,在医院各部门的热情支持下,各位代表一定不辜负全院职工的重托,认真完成预定的各项任务,把职代会开成一个民主团结、求真务实、开拓奋进的大会。

预祝大会圆满成功!

范例⑥ 在书画展览开幕式上的演讲致辞

在××县青少年书画比赛颁奖仪式暨书画展览开幕式上的致辞

×××

各位领导、青年朋友们:

今天,我们在这里举行全县青少年书画比赛颁奖仪式暨书法展览开幕式。首先,我代表团县委向莅临指导的各位领导表示热烈的欢迎!向支持赞助这次比赛的××分公司和县文化馆表示衷心的感谢!向在这次比赛中获奖的同学表示热烈的祝贺!

本次比赛是为了隆重纪念"五四"运动××周年,教育引导广大团员青年在欢度节日之际,把缅怀革命先烈的丰功伟绩,大力弘扬培育"五四"精神,培养爱国情感和传承中华民族美德结合起来,达到"传承文明、培育新人"的效果。同时,通过比赛鼓励和发掘青少年艺术人才,丰富广大青少年的文化生活,提高全县青少年学习传统文化的自觉性,推进我县精神文明建设。

这次比赛在各基层团委的积极宣传发动下,受到了全县青少年的热烈响应,全县共有××幅作品参赛,参赛作品反映××县青少年积极、健康向上的良好精神风貌,反映改革开放以来我县的社会、经济、文化等各个方面取得的成果,涌现了一批青少年优秀艺术人才和优秀作品。通过这次比赛,教育引导青少年喜爱艺术,提高了青少年的综合文化素质,激发了广大青少年爱我××、建设××、振兴××的热情。希望广大青少年能够再接再厉,不断提高自身文化艺术素养,创作出更好的作品,宣传××经济社会新变化,为××的精神文明建设添砖加瓦。

这次比赛得到了××分公司的大力资助,××公司关心支持我县青少年的发展事业,为我县团队活动注入新的活力。比赛也得到了县文化馆、县书法协会和县美术协会的大力支持,他们为作品的评选和作品展览付出了辛勤的劳动。在此,我们再次向他们表示衷心的感谢!

最后,祝大家身体健康,事业进步,心想事成!

第二节 闭幕式演讲致辞

❧ 撰写要领 ❧

一、闭幕词的概述

闭幕词是党政机关、群众团体、企事业单位举行隆重会议闭幕时,由有关领导向会议所作出的总结性讲话。

二、闭幕词的写作格式

闭幕词的格式基本与开幕词相同,包括标题、称谓和正文三部分,只是内容侧重于闭幕,作总结性讲话。

❧ 范文经典 ❧

范例 1 在学生运动会闭幕式上的演讲致辞

xx县第x届中小学生田径运动会闭幕词

xxx

(20xx年x月x日)

各位裁判员、教练员、运动员,各位来宾、老师们、同学们:

xx县第x届中小学生田径运动会经过3天紧张激烈的角逐,马上就要胜利闭幕了。借此机会,我谨代表大会组委会及县教育局党委、行政,对本届运动会的圆满成功和运动员取得的优异成绩表示热烈的祝贺！对为运动会付出辛勤劳动的裁判员、教练员、运动员以及全体工作人员表示崇高的敬意！对出席运动会的各位来宾表达诚挚的谢意！

这次运动会，在县委、县政府的重视和关心下，在组委会的精心组织下，在全体裁判员、教练员、运动员和全体工作人员的共同努力下，在××中学的大力支持下，开得很成功，很圆满。整个运动会准备充分，组织周密，纪律严明，秩序井然，主题鲜明，充分体现了"团结、拼搏、创新、图强"的主题，赛出了风格，赛出了友谊，赛出了水平。

这是一次团结的盛会，友谊的盛会，创新的盛会。

运动会期间，裁判员坚持原则，公正裁判；工作人员恪尽职守，认真负责；教练员精心策划，科学指导；运动员顽强拼搏，奋勇争先，取得了辉煌的战果。在比赛中，有×人次打破了×项市田径纪录，有×人次达二级运动员标准。这些成绩的取得，是我县全面贯彻党的教育方针，落实《学校体育工作条例》，认真实施"科教兴县"战略的结果，是我县发扬革命传统，弘扬团结拼搏精神，加强社会主义精神文明建设的体现，是全体教练员、运动员辛勤汗水的结晶。这次运动会的圆满成功，为我县体育事业的发展谱写了新的篇章。

老师们，同学们："雄关漫道真如铁，而今迈步从头越。"在今后的征途上，我们肩负的历史使命更加光荣神圣，面临的任务也更加艰巨。让我们以这次运动会为新的起点，进一步发扬团结拼搏。奋力争先的精神，全面贯彻落实党的教育方针，培养更多德、智、体、美等方面全面发展的新型人才，迎着朝阳创一流、昂首阔步迈向更加辉煌的明天！

最后，祝教练员、裁判员、运动员，回家一路顺风！

范例 ② 在职工运动会闭幕式上的演讲致辞

在××区职工运动会闭幕式上的致辞

×××

各位领导、来宾,同志们:

经过×天紧张、激烈的角逐,20××年××区职工运动会圆满完成了各项比赛任务,今天就要闭幕了。首先,我代表区委、区政府和大会组委会向在本届运动会中取得优异成绩的代表队、运动员表示热烈的祝贺!向给予我们大力支持和帮助的有关部门、单位和社会各界表示衷心的感谢!向大会裁判员、工作人员付出的辛勤努力表示衷心的感谢!

20××年××区职工运动会是我区近年来大型群众体育赛事中,规模较大、规格较高、项目较全、参加人员较多的一次体育盛会,本次运动会共设×个单项比赛,共有××余名运动员参加。整个运动会自始至终在"隆重、热烈、拼搏、向上"的气氛中进行。全体大会工作人员和裁判员本着"严肃、认真、公正、准确"的工作方针,恪守职责,精心组织,密切配合,高效运转,为大会顺利进行提供了有力保障。全体队员严格执行大赛各项比赛规程,文明参赛,团结拼搏,勇创佳绩,体现了"更快、更高、更强"的奥林匹克精神,赛出了水平,赛出了友谊,展示了良好的精神风貌,取得了运动成绩与精神文明的双丰收。

体育事业是社会主义精神文明和现代化建设的重要组成部分。随着经济的快速发展和社会的全面进步,体育在三个文明建设中的地位和作用越来越突出,越来越重要。广泛开展群众体育活动,对增强人民体质,振奋民族精神,提高人民群众的健康水平具有积极的意义。希望各参赛单位要以此为契机,积极开展形式多样、健康向上的体育活动和比赛,同时加强联系与交流,相互沟通,相互促进,不断提高训练质量和竞技水平,为促进全区体育整体水平的提高作出积极的贡献。希望全体运动员要立足本职,刻苦训练,在今后的比赛中争取更加优异的成绩。

现在我宣布,20xx年xx区职工运动会胜利闭幕!

范例 3 在职业技能大赛总决赛闭幕式上的演讲致辞

在xx杯 20xx年全国丝绸工业xx工职业技能大赛总决赛闭幕式上的致辞

副司长xx

各位领导、各位代表、同志们:

由中国丝绸协会、中国财贸轻纺烟草工会、中国就业培训技术指导中心、纺织行业职业技能鉴定指导中心共同举办xx杯 20xx年全国丝绸工业xx工职业技能大赛总决赛,今天即将在xx落下帷幕。首先,请允许我代表商务部国家茧丝绸协调办公室,对大赛圆满成功举行表示热烈祝贺,对大赛获奖选手表示热烈的祝贺和崇高的敬意。

茧丝绸行业是我国古老传统而又充满生机和希望的产业。改革开放以来,我国茧丝绸行业得到迅速发展,成为世界生产大国和出口大国,为支援国民经济建设作出了重要贡献。行业发生了深刻的变化,在农业基础环节,在不断推进桑蚕品种改良优化,新一代蚕药研制基础上,正在向一体化、规模化、科学化、基地化的新型桑蚕经营实体转变;工业加工环节,在不断深化企业改制改革,提升技术装备水平基础上,全面推进以高档丝绸标志为核心竞争力和中国丝绸形象的品牌战略;在贸易方面,从单一的追求出口金额,转向努力扩大内需,出口从数量增长型向价格、质量、效益增长型转变,从而提升行业的整体水平。进入 21 世纪,种桑养蚕还将因它符合绿色环保可持

续发展的科学发展观而呈现出巨大的拓展空间。但是我们必须清醒地看到，在资源越来越突破国界在全球范围内实现资源配置，产业行业优势在不会被一国垄断所有，越来越体现在全球范围内流动转移的世界经济一体化的大趋势下。目前我国仅仅是丝绸大国，不是丝绸强国，还面临着来自自身和外在的压力和挑战。同先进国家相比，科技自主创新能力不强，加工工艺及技术落后薄弱，产品附加值、科技含量不高，至今没有形成国内驰名品牌，更没有世界级名牌。我们的周边国家如印度、泰国、越南等在法国及联合国等的资助下，茧丝生产发展较快，形成了相当规模的特色产品，对我国茧丝绸业已形成实质性挑战。这些情况已引起国务院领导的高度重视，国家茧丝绸协调办公室将按照部领导指示，加强茧丝绸行业的宏观调控，大力开拓国内外市场，积极引导和支持行业加快结构调整，以改革和创新的思路，做大做优做强茧丝绸行业。要实现这一目标，还迫切需要有一支训练有素、技艺高超的职工队伍，有了这样一支队伍，我们的丝绸企业才能生产出高品质的产品，才能在竞争激烈的市场中立于不败之地；我们的丝绸行业也才能发挥资源优势，屹立在世界丝绸之林。

××工业是我国茧丝绸产业链中的重要环节，是我国由"丝绸大国"迈向"丝绸强国"的重要基础。这次在全国举行的20××年全国丝绸工业××工职业技能竞赛活动，应该说是我国茧丝绸行业有史以来层次最高、范围最广、影响最大的最高档次的××工操作大赛。大赛为广大××工人提供了一个实现自身价值的舞台，为人才脱颖而出创造了一个机会。大赛的成功举行，进一步弘扬了我国工人阶级的政治地位和光荣传统，大力激发了丝绸工人的主人翁精神，激励了职工岗位练兵热情；必将极大地提高我国××工人操作水平和整体素质，对提升产品质量、降低产品成本、推动我国茧丝绸行业发展，无疑都将起到重要的作用。

这次参加全国总决赛××名运动员代表，都是战斗在生产第一线的××工人的优秀代表，是全国各地经过层层选拔脱颖而出的佼佼者。希望你们把大赛好的经验和好的操作技术带回去，不断发扬光大，不断推广普及，为全面提升我国茧丝绸产业、不断向丝绸强国迈进作出新的更大贡献。

　　谢谢大家！

范例 ④　在旅游节闭幕式上的演讲致辞

在第×届××市旅游节闭幕式上的致辞

×××

各位领导、同志们：

　　首先，我代表市政府向荣获"××××"和"××××"称号的酒店、餐馆，向荣获"××八景"称号的景区、景点表示热烈的祝贺！

　　历时×天的第×届××市旅游节今天就要降下帷幕了。×天来，我们成功地举办了××项活动，接待了××名领导、嘉宾和近××名游客，达到了展示××形象、扩大招商引资、推介××旅游的目的和效果。本届旅游节，突出了以下几方面特点：

　　一、领导、嘉宾多，规格高。中央、省、兄弟市领导，海内外×籍乡亲和旅游界人士及个人应组委会邀请莅临××参加旅游节。各区县（市）和旅游企业也邀请了领导和嘉宾约××人。××市旅行社接待旅游团队近××个、游客××人。原中共中央政治局常委、全国人大常委会委员长××出席开幕式并启动开幕按钮。全国政协副主席××、××省委副书记××出席开幕式并分别讲话。

　　二、活动丰富多彩、突出文化和美食主题。×天来主会场举办了开幕式、"潮风乐舞"文艺表演和巡游、××市投资环境推介会、区域旅游合作暨××、××等××市旅游局长联谊会、"×剧精品"欣赏和"××夜游"、××旅游交易会、第×届××美食节，各区县（市）也开展各具特色的活动。在活动安排上，打响了"××美食之乡"的旅游品牌。如开幕式上的文艺表演和文艺巡游，全都体现××文化和民俗，深受海内外领导、嘉宾和旅游界人士好评，××先生高兴地

要求将录制的节目由他送亚洲卫视和××影剧院播出。对美食广场荟萃的数百种××美食，也得到了领导、嘉宾和游客的啧啧称赞，许多人吃完了还打包带走。这次旅游节，既有文艺巡游供群众欣赏，又有第×届美食节和旅游交易会向群众开放，群众都把本次旅游节看成自己的节日。全市到处张灯结彩，一派节日的喜庆气氛。

三、务实创新，取得实效。为迎接第×届××市旅游节，今年以来各级党委政府加强对旅游业的领导和扶持，旅游部门和企业加强景点景区建设，加大宣传推介，使旅游业取得长足发展。如制作了旅游 VCD，征集了旅游口号和标志，特别是有两个景区评为 4A 级景区。在旅游节期间，有×个项目剪彩，×个项目签约，总金额逾××亿元，还有一批项目已引起客商投资兴趣。××等×个市达成旅游合作协议，成立联谊会秘书处，推动了区域旅游合作。来××的领导、嘉宾和游客参加旅游节活动、参观景点景区和信用建设展示，盛赞××市改革开放的成就，盛赞两大整治的成效，盛赞××市旅游业的发展，对××文化和××美食有了进一步的了解。所有这些，对推动××市旅游业和经济、社会发展将产生积极的推动作用。

四、组织严密，隆重热烈。本届旅游节是我市第×次举办，在市委市政府的领导下，组委会办公室和秘书组、展览组、接待组、宣传组和安全保卫组服从指挥，各司其职，密切配合，把主会场活动组织得很好，主会场与各区县（市）分会场活动也衔接得很好。领导和嘉宾都很满意。我市日后坚持每两年举办一次旅游节，以进一步推介旅游、招商引资。借此机会，我代表市委市政府向为第×届××市旅游节成功举办付出辛勤劳动的工作人员，表示衷心的感谢和亲切的问候！

我们要在第×届××市旅游节成功举办基础上，乘势而上，进一步推动旅游业和经济社会的新发展。

谢谢大家！

第四章

庆祝节日、纪念活动演讲致辞

第一节　庆祝节日演讲致辞

撰写要领

一、庆祝节日演讲稿的概述

庆祝活动演讲稿,是指领导干部在重大节日或庆典上所发表的讲话稿。

二、庆祝节日演讲稿的写作要领

1.内容既要有理论性又要有针对性,既要有明确的主题又要有充实的材料。

2.结构要合理,环环相扣,首尾呼应,逻辑严密。

3.语言既简洁明快、生动流畅又通俗易懂;既朴实无华,又充满激情,语气要坚定有力。

范文经典

范例 1　庆祝元旦文艺晚会致辞

在 20××元旦文艺晚会上的致辞

×××

(20××年×月×日)

同志们、朋友们:

在新年即将来临之际,我们今天举行"20××年群众文化活动精品回眸"

文艺晚会，共迎新年。借此机会我谨代表中共××市委、××市人大常委会、××市人民政府、政协××市委员会、××军分区，向全市各族人民和在×的港澳台同胞、海外侨胞致以亲切的问候！向驻×的中国人民解放军、武警官兵和公安干警表示诚挚的慰问！向所有关心、支持××改革开放和经济社会发展的海内外朋友表示衷心的感谢！

即将过去的20××年，是我市撤地设市以来的第×年，也是我市全面实施"××"计划的第×年。全市各级党委、政府团结带领各族人民，坚持以邓小平理论和"三个代表"重要思想为指导，以深入学习贯彻胡锦涛总书记视察××时的重要讲话精神和深入开展保持共产党员先进性教育活动为强大动力，大力实施农业稳市、旅游兴市、环境立市、工业强市战略，全面实施人才战略，全市经济社会发展取得了显著成绩。预计全市生产总值将历史性地达到××亿元以上，人均生产总值上升到全省第×位，财政收入上升到全省第×位，科技、教育、文化、卫生、体育等各项事业都取得新成绩。为我们做好明年工作和今后又快又好发展打下了良好基础。即将到来的20××年，将是××经济社会发展的重要时期。前不久召开的市委×届×次全会确定，到20××年，要实现全市生产总值突破××亿元，人均生产总值比20××年增加××倍以上，达到××元左右，形成繁荣、富裕、秀美、文明新××的初步格局。这个目标的确定，意味着××已经具备了进一步加快发展的条件，我们已经站在抢抓机遇、加快发展的新的起跑线上。

千里之行，始于足下。盛开的幸福之花，全靠辛勤的汗水浇灌。在新的一年里，我们要深入学习贯彻党的××届×中全会、省委×届×次全会和市委×届×次全会精神，全面落实科学发展观，抢抓实施××大开发和新阶段扶贫开发战略、建设××省优先发展重点旅游区的机遇，求真务实，开拓创新，大力推进社会主义经济建设、政治建设、文化建设和社会建设，努力为党和人民的事业争取最大的成绩。

预祝文艺晚会取得圆满成功！祝福全市各族人民新年幸福、平安如意！

范例2 庆祝"三·八"节联欢会演讲致辞

在粤港妇女庆"三·八"联欢会上的讲话

×××

（20××年×月×日）

各位领导、各位嘉宾、各位姐妹：

在春暖花开的三月，在属于女士们自己的节日——"三·八妇女节"即将到来之际，为了增进粤港两地妇女间的了解和友情，中央人民政府驻香港特别行政区联络办公室、广东省妇女联合会联合举办"粤港妇女庆三·八联欢活动"。这次联欢活动规模之大、规格之高是前所未有的，全国妇联书记处第一书记×××副主席从北京专程而来，粤港两地许多活跃在社会各界的优秀妇女都大力支持我们这次活动，拨冗出席。对此，我们心存感激，我谨代表广东省妇联对各位领导、各位嘉宾、各位姐妹的光临表示热烈的欢迎和衷心的感谢！

香港，是世界东方一颗璀璨的明珠，既是国际金融中心、贸易中心，也是运输物流中心、旅游中心，自1997年回归祖国以来，面对亚洲金融风暴、美国发生"9·11"事件、世界经济发展缓慢等不良因素的影响，香港各界精英和广大民众，在以×××先生为首的香港特别行政区政府的领导下，在中央人民政府的支持下，沉着应对，团结努力，以自身的稳定和发展向世人充分展示了"一国两制"的重大意义和优势。

广东和香港特别亲，地理位置相邻，语言相通，粤港两地携手共进，共创美好明天的前景十分广阔。特别是在我国加入WTO的新形势下，粤港两地妇女界在经济、科技、文化教育领域将有更多的交流与合作，在参政议政、妇女就业、婚姻家庭以及社团工作等方面，也将开展更广泛更深入的研讨与交流，共同推进两地妇女事业的发展。今天晚上，我们相聚在一起，尽情联欢畅叙,今后我们更要常来常往,加强合作,共同为香港、为广东的繁荣、富裕、文明,为"一国两制"的推进和祖国的和平统一、繁荣富强,多多贡献妇女的聪明才智。

最后,预祝"粤港妇女庆三·八联欢活动"圆满成功!祝在座各位事业顺利,家庭幸福!

范例 3 "六·一"儿童节庆祝大会演讲致辞

在"六·一"庆祝大会上的讲话

×××

（20××年×月×日）

亲爱的少先队员们、小朋友们、来宾们、辅导员老师们:

大家好!

今天是"六·一"国际儿童节,首先,我代表学校行政人员向同学们表示节日的祝愿!向支持我校少先队工作的××单位、少先队辅导员们表示崇高的敬意和诚挚的问候,同时我也代表学校行政领导祝贺新加入少先队的少先队员们!

少先队员小朋友们,你们是幸运的一代,也是肩负重任的一代。今天你们是天真烂漫的红领巾,明天将成为建设祖国的栋梁,祖国现代化的实现要靠你们去实现,中华民族的伟大复兴要靠你们去奋斗!要切实肩负起这样的神圣使命,就必须把自己锻炼成为适应现代化建设需要的优秀人才,因此,希望你们能严格要求自己,在家庭做一个好孩子,在学校做一个好学生,在社会做一个好公民,为长大以后推进祖国的发展做好全面准备。

从小树立远大的理想。理想是人生的太阳,是催人奋进的动力。少年有志,国家有望。不论今后你们想做什么,都要把个人的奋斗志向同国家的前

途命运紧紧联系在一起,把个人今天的成长进步同祖国明天的繁荣昌盛紧紧联系在一起,牢固树立起振兴中华的雄心壮志,立志为民族争光,为祖国争光。

从小养成优良品德。这是做人做事的根本。只要人人心中有国家、心中有集体、心中有他人,我们的社会就会变得更加美好。你们要继承和发扬中华民族的传统美德,从一点一滴、一言一行做起,逐步养成文明礼貌、团结互助、诚实守信、遵纪守法、勤俭节约、热爱劳动的好品行,努力成为一个品德高尚的人,一个有益于社会、有益于人民的人。

从小培养过硬本领。过硬的本领是一个人成功的基础,在科学技术飞速发展、竞争日趋激烈的今天更是这样。你们一定要有强烈的求知欲和上进心,发奋读书,刻苦学习各门功课,打好知识基础。还要积极参加形式多样的课外校外活动,接触自然,了解社会,开阔眼界,增长见识,敢于创新,不断提高实践能力。

从小锻炼强健体魄。这是建设祖国的本钱。当代的少年儿童不应该做温室里的花朵,而要做搏击风雨的雄鹰。要坚持体育锻炼,养成良好的卫生习惯,不断增强体质。要磨炼勇敢顽强的意志,不向困难低头,不被挫折压倒,以乐观向上、积极进取的精神状态迎接未来的挑战。

少先队员、小朋友们,儿童时代是美好人生的开端,远大的理想在这里孕育,高尚的情操在这里萌生,良好的习惯在这里养成,生命的辉煌在这里奠基。你们一定要珍惜、要努力啊!学校相信你们,相信你们一定能够成长为有理想、有道德、有文化、有纪律的"四有新人",一定能够肩负起建设现代化中国的神圣使命。你们一定能行!

范例 4 迎接新春联欢晚会演讲致辞

在××市 20××年迎新春联欢晚会上的讲话

×××

（20××年×月×日）

同志们，朋友们，女士们，先生们：

大家好！在中国人民的传统节日——春节即将来临之际，今晚，市委、市政府在这里举行 20××年迎春联欢晚会，我们欢聚一堂，辞旧迎新，共贺佳节。在此，我谨代表市委、市人大常委会、市政府、市政协，向全市人民、各界朋友、驻市部队官兵、驻市企事业单位领导和员工、来××投资置业的老板们，致以新春的祝福。祝各位身体健康、事业辉煌、家庭幸福、万事如意。

20××年，我市认真贯彻党的××大和××届×中全会精神，努力实践"三个代表"重要思想，全市人民万众一心、扎实工作、团结奋斗，实现了社会主义物质文明、政治文明和精神文明的协调发展，保持了经济持续增长和各项社会事业全面发展的良好局面。工业化进程稳步推进，农业和农村经济迅速发展，农民收入大幅增加，财贸金融运行平稳，城乡人民生活水平不断提高，招商引资成效显著，城市建设日新月异，党群关系和社会环境进一步改善，科技、教育、文化、卫生、体育等各项社会事业全面发展的良好势头。回首过去，成就喜人，展望未来，任重道远。20××年，是我市实现第×个五年计划的关键年，也是××实现跨越发展的起步年。我们要继续贯彻党的××大和××届×中全会精神，认真践行"三个代表"重要思想，始终坚持以经济建设为中心，把发展作为执政兴国的第一要务，聚精会神搞建设，一心一意谋发展，深化改革，扩大开放，实现国民经济持续快速协调健康发展和社会全面进步。我们要坚持党管干部，党管人才的原则，切实加强人才资源建设，充分调动各方面的

积极性,大力实施科教兴国战略和可持续发展战略。我们要不断提高对外开放水平,认真做好开放强市、工业立市、三产活市、特产兴市的文章,我们要紧扣发展主题,实施项目推进,突出重点,强化责任,广辟渠道,以项目建设促进投入扩大,带动产业发展,改善城市形象,拉动经济增长,推动收入增加,努力实现××全面跨越发展。我们要全力净化治安环境,规范市场环境,改善社会环境,优化政务环境,整顿生产环境,从战略高度把优化环境作为第一要务来抓,让一切劳动、知识、技术、管理和资本的活力在××充分涌流,使××成为创业的乐园、发展的热土。我们要坚持以人为本,继续抓好企业改制和事业单位、人事制度财政管理体制的改革,通过改革带动干部素质和作风的根本转变,以改革加强各项基础工作,让各项改革开放措施成为加快发展的有力保障。我们要牢固树立全面、协调、可持续的发展观,大力加快文化、教育、卫生、体育、旅游事业的发展,努力适应人民群众日益增长的精神文化需求。我们要不断弘扬诚实守信的传统美德,努力建设诚信××,形成信用有序的市场秩序和良好的社会信用环境,不断促进我市经济、社会和人文的全面协调发展进步。

同志们,朋友们!路在我们脚下,机遇在我们手中。让我们高举邓小平理论和"三个代表"重要思想的伟大旗帜,全面贯彻党的××大和××届×中全会精神,以发展××为责,以繁荣××为本,万众一心,团结奋斗,开拓进取,与时俱进,求真务实,尽职尽责地把××的事情办得更好,让××更加繁荣,让××更加美好!

最后,我在这里代表××书记,代表市委、市人大常委会、市政府、市政协向全市人民拜年,祝全市人民新春愉快,合家欢乐,幸福安康!

谢谢!

范例 5　在中秋节各界人士座谈会上的演讲致辞

在中秋节各界人士座谈会上的致辞

×××

同志们、朋友们：

今天，我们欢聚一堂，共度中秋佳节，喜迎建国××周年。我谨代表市人民政府向在座的各位同志、各位朋友、政协委员、民主党派人士、各人民团体和无党派人士，向辛勤工作在各条战线上的工人、农民、知识分子、机关干部，向人民解放军驻××部队全体指战员、武警官兵、公安干警，向关心、支持我市现代化建设的台湾同胞、港澳同胞、海外侨胞致以节日慰问和崇高敬意！

今年以来，市政府在成都市委、市政府和崇州市委的领导下，在市人大、市政协的监督支持下，在各界人士的关心帮助下，各项事业取得了明显进步，全市经济社会继续保持快速协调健康发展。

一是主要经济指标完成较好。全市实现地区生产总值××亿元，比去年同期增长百分之××。工业实现增加值××亿元，同比增长百分之××；全社会固定资产投资总额累计××亿元，增长百分之××；社会消费品零售总额完成××亿元，增长百分之××；地方财政收入完成××万元，增长百分之××。

二是项目年工作取得进展。截至×月份，全市共整理项目××个，启动××个，完成项目投资×××亿元。××家具、××集团、××制药以及××塑胶、××公司、××通信等项目技改投入和扩大再生产进展顺利；××湿地公园、××公园、二通道等重点建设项目正在积极争取和加快实施当中。

三是城乡一体化进程加快推进。工业集中发展区新引进企业×个，协议总投资××亿元，完成投资××亿元，×家企业建成投产；土地经营权流转面积达××万亩，比去年同期增加××亩；在××、××两个重点镇和城区启动×个农民集中安置区工程。全市免征农业税及附加税××万元，向种粮农户发放直接补

117

贴××万元；小春收成较好，产量稳中有升，实现农业总产值××亿元，增长百分之××，农民人均纯收入××元，增收××元。对×个人均收入在××元以下的村实施帮扶，饮水工程、乡镇卫生院、文化站和农村中小学标准化建设取得了明显成效。新增社会养老保险××余人，农民参加新型合作医疗××万人，参保率百分之××，完成农民工培训××万人，新增农村劳动力就业人数××人。

四是规范化服务型政府建设得到加强。按照建设高效政府和民主科学的公共决策机制的要求，市政府先后修订完善了《××市人民政府工作规则》、《××市人民政府公文处理办法》等××多个配套文件，以政务服务中心建设为重点，着力打造规范化服务型政府的良好形象。目前，已有××个部门入驻政务中心，××项行政审批事项及其他服务事项在中心集中办理。社会公众申请办理事项××件，中心共受理××件，办结××件，按时办结率百分之××。在试点的基础上，年内各部门各乡镇规范化服务型政府建设将全面展开。

同志们、朋友们，××经济和社会发展正处于重要的关键时期，不进则退，只要我们在××市委、市政府的领导下，坚定不移地贯彻落实市委×届×次全会精神，全面推进"八个一"的发展战略，"一年提速，两年升位，三年争先"的奋斗目标就一定能实现。××的明天一定会更美好！

最后，再一次祝愿大家身体健康，合家幸福，节日愉快，万事如意！

谢谢大家。

范例 6 在庆祝"五·一"劳动节劳模座谈会上的演讲致辞

在庆祝"五·一"国际劳动节劳模座谈会上的致辞

中华全国总工会副主席、书记处第一书记×××

同志们：

在"五·一"国际劳动节即将到来之际，同来自全国各地的劳动模范一起座谈，感到很高兴。首先，我代表中华全国总工会，向你们并通过你们向所有为建设中国特色社会主义伟大事业作出突出贡献的劳动模范和全国亿万职工，致以亲切问候和崇高敬意！

今天上午，全国总工会隆重召开了庆祝"五·一"国际劳动节暨"当好主力军，建功'十一五'，和谐奔小康"竞赛活动动员大会。会上，××同志代表党中央发表了重要讲话。××同志在讲话中回顾了我国"十五"期间改革开放和社会主义现代化建设取得的伟大成就，深刻分析了我国"十一五"期间经济社会发展面临的形势，充分肯定了劳动模范和广大劳动群众作出的重大贡献，表达了党中央对工人阶级的亲切关怀和深切期望，对竞赛活动给予了高度评价并提出了明确要求。××同志的讲话高屋建瓴，内容丰富，有很强的针对性和指导性，我们要认真学习贯彻，通过扎实有效的竞赛活动，进一步调动和激发广大职工群众旺盛的劳动热情、无穷的聪明才智和巨大的创造活力，充分发挥工人阶级在实现"十一五"规划中的主力军作用。

刚才，几位劳模代表就学习贯彻××同志讲话精神，积极投身竞赛活动，发挥劳模作用，立足本职，再立新功作了生动而感人的精彩发言。通过大家朴实的语言，我们感受到千千万万劳动模范的奋斗历程、崇高精神和美好追求，很受教育和鼓舞。尽管大家经历不同、岗位不同，但是你们都以高度的主人翁责任感和艰苦创业精神，忘我的劳动热情和无私奉献精神，强烈的开拓进取意识和创新求实精神，良好的职业道德和爱岗敬业精神，创造了宝贵的物质财富和精神财富，为国家经济建设和社会发展作出了突出贡献。正是有以劳动模范为杰出代表的工人阶级和广大人民群众的顽强拼搏和无私奉献，才有今天社会主义现代化建设的伟大成就，才有今天中国举世瞩目的发展奇迹。多年来，通过对先进模范人物的表彰和对劳模精神的大力宣传，劳模的政治地位不断提高，社会影响不断扩大，"劳动光荣、知识崇高、人才宝贵、创造伟大"已成为时代的强音，极大地激励了全国广大职工和各族劳动群众投身全面建设小康社会的伟大实践。

本世纪头 20 年是我国发展的重要战略机遇期，"十一五"规划描绘了未

来五年我国经济社会发展的宏伟蓝图。站在新的历史起点上,我们必须紧紧抓住机遇,应对各种挑战,立足科学发展,着力自主创新,完善体制机制,促进社会和谐,全面提高我国的综合国力、国际竞争力和抗风险能力,努力开创社会主义现代化建设的新局面,为后十年顺利发展打下坚实基础。实现"十一五"规划,是惠及全国人民的伟大事业,工人阶级重任在肩,责无旁贷。全国总工会在广大职工中开展"当好主力军,建功'十一五',和谐奔小康"竞赛活动,是工会组织适应新形势的要求,更好地服务党和国家工作大局的重要举措,是向全国职工发出的向更新更高目标迈进的动员号令。我们希望劳动模范珍惜荣誉、保持本色,发扬成绩、再接再厉,在本职岗位上不断创造新的业绩,为广大职工树立起学习的榜样。

一要坚定信念、求真务实,做贯彻落实科学发展观的模范。坚持以科学发展观统领经济社会发展全局,是党的十六届五中全会确定的重大战略思想,是加快推进社会主义现代化,实现全面建设小康社会宏伟目标的重要保障。劳动模范要自觉以邓小平理论和"三个代表"重要思想武装头脑,认真贯彻落实科学发展观,牢固树立科学发展、全面发展的理念,坚定走中国特色社会主义道路的信念,团结带领广大职工把思想认识统一到党的方针政策和决策部署上来,把智慧和力量凝聚到为实现"十一五"规划确定的目标任务多作贡献上来。

二要敬业报国、甘于奉献,做推动改革发展的模范。改革开放是富民强国的必由之路。劳动模范要始终站在时代的最前列,以强烈的历史使命感和主人翁责任感,坚决支持改革,带头参加改革,积极投身现代化建设,踊跃参加各种形式的建功立业竞赛活动,立足本职,爱岗敬业,自觉奉献,争创一流,在各项工作中发挥骨干带头作用,为提高企业效益和市场竞争能力,完成"十一五"规划提出的重大战略任务,推动国民经济又快又好发展作出新的贡献。

三要崇尚科学、勇于创新,做建设创新型国家的模范。提高自主创新能力、建设创新型国家,是党中央、国务院作出的事关社会主义现代化建设全局的重大战略决策。建设一支规模宏大的高素质劳动者队伍是建设创新型国家的重要保证。劳动模范要带头参加"创建学习型组织、争做知识型职工"活动和以争当"创新示范岗"、"创新能手"为载体的职工经济技术创新活动，不断增强自己的学习能力、创新能力、竞争能力，在原始创新、集成创新和引进消化吸收再创新方面多出成果，为创建学习型社会和建设创新型国家发挥聪明才智。

四要传承文明、弘扬正气，做践行社会主义荣辱观的模范。胡锦涛总书记关于社会主义荣辱观的重要论述，对进一步推进社会主义精神文明建设具有重要的指导意义。工人阶级是物质文明和精神文明建设的主力军，是中华民族优秀传统文化的传承者。劳动模范要牢固树立以"八荣八耻"为主要内容的社会主义荣辱观，做当荣之事，拒为辱之行，继承民族美德、发扬民族精神、传播民族文化、弘扬社会正气，使热爱祖国、服务人民，崇尚科学、辛勤劳动，团结互助、艰苦奋斗，遵纪守法、诚实守信成为社会文明的主流和时代风尚。

五要维护稳定、促进和谐，做构建和谐社会的模范。保持社会稳定是推进改革开放和现代化建设顺利进行的重要保证，是建设社会主义和谐社会的必然要求。劳动模范要团结引导职工识大体、顾大局，正确处理国家利益、集体利益和个人利益，长远利益和眼前利益的关系，依法行使民主权利和正确表达利益诉求，自觉维护改革发展稳定的大局。要依法积极参与企业管理，推动企业建立规范有序、公正合理、互利共赢、和谐稳定的社会主义新型劳动关系，促进社会主义和谐社会建设，为经济社会发展创造良好环境。

党和政府历来十分关心劳模的工作、学习和生活。各级工会要认真贯彻落实胡锦涛同志在去年全国劳模大会上的重要讲话和党中央关于劳模工作的一系列重要指示精神，切实加强劳模的管理和服务工作，要关心劳模、爱护劳模，以高度负责的精神帮助劳模解决生产生活困难，为劳模发挥作用创造条件。要做好劳模典型的选树工作，广泛宣传劳模的先进事迹，让劳模精神发扬光大、代代相传。要认真研究劳模工作中遇到的新情况、新问题，进一

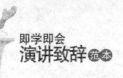

步探索和完善劳模管理工作机制,更好地引导和激励广大职工以劳模为榜样,学赶先进,争当劳模,使更多的劳动模范涌现出来,推动社会主义现代化建设事业的蓬勃发展。

同志们,伟大的成就来自不懈的奋斗,幸福生活要靠劳动创造。让我们更加紧密地团结在以胡锦涛同志为总书记的党中央周围,高举邓小平理论和"三个代表"重要思想伟大旗帜,全面贯彻科学发展观,万众一心,同心同德,扎实工作,争创一流,努力把美好蓝图变为现实,为实现"十一五"规划确定的各项目标努力奋斗!

再过几天就是"五·一"国际劳动节了,祝同志们节日快乐、身体健康、生活幸福!

范例 7 在国庆节庆祝会议上的演讲致辞

煤矿领导在国庆节庆祝会议上的致辞

全矿干部职工家属、师生们、同志们:

"一年好景君须记,最是橙黄橘绿时"。在这秋高气爽、气候宜人的美好季节里,在我们满怀豪情地打响四季度安全生产攻坚战之际,乘着××届×中全会的东风,我们迎来了新中国成立××周年国庆节。在这举国欢腾、普天同庆的美好时刻,我代表矿党政工团向全矿干部职工、家属、师生,向全体离退休老领导、老同志,致以诚挚的节日问候和美好的金秋祝福!向节日期间坚持生产、辛勤工作的同志们,表示衷心的感谢!

转眼间,共和国已经走过了××年的风雨历程。××年前,灾难深重的中国人民在中国共产党领导下,浴血奋战,前仆后继,推翻了帝国主义、封建主义和官僚资本主义三座大山,建立起人民当家做主的中华人民共和国,开创了中国社会历史发展的新纪元,中国进入了崭新的发展时期。建国××年来,我们国家发生了翻天覆地的巨大变化,取得了举世瞩目的伟大成就。国民经济持续快速发展,综合国力显著增强,人民生活水平不断提高,精神文明建设硕果累累,城乡面貌发生巨大变化,国际地位空前提高,中国成为世界上最具发展潜力和生机活力的社会主义国家。

伴随着共和国前进的脚步,沐浴着改革开放和煦的春风,我们矿也取得了令同行瞩目的业绩,呈现出崭新气象,展露出无限生机。多年来,矿井先后获得"xxxx"、"xxxx"、"xxxx"等多项省部级、国家级荣誉称号。就在刚刚过去的一年里,全矿广大干部职工群众,坚持解放思想,实事求是,抢抓机遇,夺取了三个文明建设的新胜利,显示出超常规、跨越式发展的良好态势。

一是安全生产创出新水平。安全生产始终保持良好运行态势,"双基"建设在全省推广;各项安全经济技术指标再攀新高,20xx年原煤产量突破xx万吨大关;今年x~x月份,原煤产量完成xx万吨,达到了年产xx万吨的生产水平;掘进进尺完成xx米,实现生产利润xx亿元;千人负伤率同比下降百分之x,胜利实现了安全生产x周年。

二是党建工作实现新突破。以实施党委工作责任制为总纲,不断加强党的自身建设。在集团公司党委工作检查考核中,我矿以第x名的成绩获"优秀单位"称号;今年七一,矿党委被省委命名为"先进基层党组织",成为我市唯一受表彰的国有企业。

三是精神文明建设迈上新台阶。"六优"高标准文明煤矿建设的实践与探索通过中煤政研会专家论证,在全国煤炭系统推广经验。学习型企业深化持续推进,被省经贸委授予"全省创建学习型组织示范企业"称号,学习型企业创建课题被省煤政研会授予唯一的特等奖。在中华全国总工会等国家九部委联合发起的"创建学习型组织,争当知识型职工"活动中,我矿进入"创争"活动全国25家示范单位之列,并被定为"创争"活动全国表彰会的6家发言单位之一,取得了"创争"活动的初步成果。

四是群团工作得到新发展。深入贯彻"依靠"方针,民主管理工作积极推进,职工建家工作成绩斐然,被中华全国总工会授予"全国模范职工之家"荣

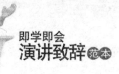
誉称号,被省总工会授予"富民兴×劳动奖状";团员青年生力军、突击队作用积极发挥,矿团委获得了全国青年安全生产示范岗荣誉称号。

五是干部职工思想境界有了新提升。思想政治工作扎实开展,成效显著,广大干部职工的改革发展意识、市场经济意识、艰苦奋斗意识不断增强,被集团公司评为"思想政治工作最佳单位"。

这些成绩的取得,是我们认真践行"三个代表"重要思想的结果,是各级组织系统思考、正确导向、积极应对、主动出击的结果,是历届党政带领全矿广大干部职工团结奋斗、努力拼搏的结果。在此,我谨代表矿党政工团向为煤矿经济建设和社会发展付出努力、作出贡献的老领导、老同志表示崇高的敬意!向长期关心支持矿井发展的各界朋友表示衷心的感谢!

伴随着共和国的改革开放,我们煤矿不断地成长壮大。矿井××年的建设发展,凝聚了几代人的智慧和心血。成绩来之不易,经验弥足珍贵,必须倍加珍惜。

一要坚持高举邓小平理论和"三个代表"伟大旗帜,坚持社会主义道路不转向。这是建国××年来,尤其是改革开放××多年来我国经济社会发展取得伟大成就的首要经验,是我们国家建设现代化的根本原则。在全面建设小康社会的道路上,我们一定要坚持以邓小平理论和"三个代表"重要思想为指导,坚持党的基本路线,坚持四项基本原则,进一步解放思想,实事求是,坚定信念,扎实苦干,为建设高度文明的社会主义现代化强国而不懈努力。

二要坚持以安全生产经营为中心,加快发展不动摇。发展是第一要务,解决一切问题的关键在于加快发展。作为煤矿,我们更要认真落实党的安全生产方针,抢抓机遇,加倍努力,增强创新能力,增强经济实力,增强发展后劲。只有矿井发展了,职工群众的各项权益才能得到切实保障,生活水平才能不断提高。这一切,都要通过加快发展来实现,都需要各级组织的高度认同和全员参与,都需要每一名职工群众的大力支持和全心投入。因此,不管在任何时候,都要以安全生产经营为中心,排除干扰,克服困难,聚精会神搞建设,一心一意谋发展,不断增强矿井的经济实力和竞争能力。

三要坚持以深化改革为动力,大力推进主辅分离、辅业改制。实践证明,改革是矿井发展的动力,改革每深入一步,生产力就发展一步。在新的发展时期,我们一定要认真贯彻落实好党的××届×中全会、省委工作会议、集团公司改革发展会议精神,坚持以改革为动力,理顺各方关系,激发全员活力,积极自觉地转观念、转机制、转作风,不断破除不适应新形势、束缚生产力发展的条条框框,牢固树立正确的发展观、市场观和创新观,推动各项工作健康快速发展。

四要坚持维护大局,切实保障矿区稳定。稳定是压倒一切的任务,是人心所向,是职工群众根本利益所系。没有稳定的发展环境,就没有干事创业的基础。各级组织要始终牢记"群众利益无小事",牵挂群众安危,倾听群众呼声,关心群众疾苦,既要畅通信访渠道,又要规范信访程序,切实履行信访职责,为职工群众诚心诚意地办实事,尽心竭力地解难事,坚持不懈地做好事,积极营造倍加奋发努力、倍加顾全大局、倍加珍视团结、倍加维护稳定的良好局面。

五要坚持加强和改善党的领导,不断加强执政能力建设。中国共产党是领导我们事业的核心,加强和改善党的领导,是推动改革开放和社会主义现代化事业发展的根本保证。多年来,全矿各级组织在省委、省政府和集团公司的正确领导下,坚决贯彻执行党的路线、方针、政策,坚持正确的政治方向,带领职工群众不断战胜困难,夺取胜利。今后,我们要认真贯彻落实××届×中全会精神,不断加强执政能力建设,提高各级领导班子的领导水平,全心全意依靠广大职工群众,增强各级组织的凝聚力、号召力和战斗力,全力推进矿井改革、发展与稳定。

回顾过去,成就辉煌,豪情满怀;展望未来,前景广阔,任重道远。让我们更加紧密地团结在以胡锦涛同志为总书记的党中央周围,高举邓小平理论伟大旗帜,认真践行"三个代表"重要思想,振奋精神,同心同德,抓住机遇,开拓进取,为把我们煤矿建设成为世界煤炭最具活力的煤矿而努力奋斗!

祝愿我们伟大的祖国繁荣富强!

范例 8 教师节庆祝大会上的演讲致辞

在 20××年教师节庆祝大会上的致辞
市长×××

在这金风送爽、硕果累累的美好时节,我们迎来了第××个教师节。值此喜庆佳节,我代表市委、市人大、市政府、市政协及全市人民向教育战线全体工作者表示亲切的问候和节日的祝贺!向全体模范教师和先进教育工作者表示崇高的敬意!向关心支持教育事业的广大学生家长和社会各界人士表示衷心的感谢!

教师节已走过了××年的历程,××年来,随着我市改革开放和经济建设的快速发展,教育事业呈现出蓬勃兴旺的大好局面。特别是进入新世纪以来,市委、市政府进一步确立了"科教兴市"战略,把教育放在优先发展的战略地位,教育工作得到了全社会的高度重视,取得了可喜的成绩。教育投入逐年增加,20××年教育事业费比 20××年增长百分之××,20××年又增长了百分之××,达到××亿元;危房改造效果显著,两年共投入资金××亿元,改造学校××所,消灭危房××万平方米;学校布局得到优化,全市初中由 20××年的××所变为××所,小学由××所撤并为××所,中小学布局趋于合理,教育资源得到了相对集中、教育效益稳步提高;与此同时,信息技术教育充分发展,全市共配备教学用计算机××台,装备电脑教室××个。教师培训得到加强,×年培训人数超过×万人。此外全市"普九"水平得到巩固,教育改革逐步深入,高招上线人数稳步提高。这些成绩的取得,是广大教育工作者,特别是工作在教学一线的广大人民教师,忠诚党的教育事业,履行教师崇高职责,甘为人梯,乐于奉献,辛勤工作,顽强拼搏的结果。

教师是一个崇高的职业,教师是人类灵魂的工程师。古往今来,有人把教师喻为红烛、喻为春蚕,还有人把老师喻作园丁、喻作人梯。这些都说明,教师应该受到全社会的敬重。今天,在欢庆教师节的同时,我们大张旗鼓地表彰××名国家级和省级先进个人,××名市级先进个人,就是要在全面营造一个尊重知识、尊重人才的浓厚氛围。他们中间,有忠于职守、勇于开拓、治校有方的各级各类学校领导,有倾尽爱心、精心育人、教育教学成果显著的普通教师,有埋头苦干、兢兢业业、任劳任怨、几十年如一日无私奉献的老同志,也有初涉教坛、脚踏实地、谦虚好学、实绩优异的教育新兵。正是由于有这样一支爱岗敬业、精心育人的优秀教职员工队伍和这样一种团队精神,我市的教育事业才会有今天的兴旺和辉煌!全市广大教育工作者要向今天受表彰的同志学习,学习他们任劳任怨、无私奉献的精神,学习他们爱校爱生、诲人不倦的精神,学习他们积极进取、开拓创新的精神,有了这些精神,我们的教育事业必将一步步走向新的辉煌!

当前,我们处在一个知识经济的时代,教育的作用越来越大。在此,我提几点希望和要求:

第一,我们要始终牢记肩负的历史使命和承担的时代重担。百年大计,教育为本;教育大业,教师为本。党和政府对我们有很高的要求,人民群众对我们有很高的期望,我们只有不懈努力,才能不辱使命,不负众望,才能无愧于人民教师的光荣称号。

第二,我们要继续加强理论修养和业务学习,全面提高自身素质。振兴民族的希望在教育,振兴教育的希望在教师。新形势、新任务对教育改革和发展提出了新的、更高的要求,广大教师特别是党员教师只有不断用科学理论知识武装头脑,努力掌握现代化教育手段,争做博学多才的优秀教师,实施教育创新,推进素质教育,才能在教育改革的大潮中,抓住新的机遇,迎接新的挑战,开创新的局面,作出新的贡献。

第三,我们要继续加强师德修养,更加优秀地教书育人,为人师表。教师的人格力量和高尚的师德,来源于教师对教育事业的忠诚、对学生的深厚感情。经师易得,人师难求。我们广大教育工作者要做到经师和人师的统一,做

一个高尚的人,做一个深受学生和社会拥戴的人。

同时,全社会要继续营造尊师重教的浓厚氛围,教育是一项崇高的社会事业,全社会都应关心支持教育。要加大宣传力度,宣传教育工作成绩。要多形式支教助教,积极为教师办好事、办实事,为教师排忧解难,千方百计提高教师福利待遇。要在全社会弘扬尊师重教的优良传统,使尊师重教真正成为一种社会风尚。

同志们,又是一年秋风劲,不是春光,胜似春光。我们要以"三个代表"重要思想为指导,把荣誉存在心头,把责任担在肩上,爱岗敬业,无私奉献,为我市教育事业的腾飞作出更大的贡献。

祝全市广大教育工作者节日愉快,身体健康,工作顺利!

第二节 纪念活动演讲致辞

——🙥 撰写要领 🙤——

一、纪念活动演讲稿的概述

纪念活动演讲稿，是指领导干部在重大纪念性活动或会议上发表的讲话稿。

二、纪念活动演讲稿的写作要领

1.内容上要有理论性和针对性，要有明确的主题。

2.结构安排要合理，层次结构要严谨，条理要清晰，前后照应要逻辑严密。

3.语言要简洁明快、通俗易懂、朴实无华、充满激情，坚定而有力。

——🙥 范文经典 🙤——

范例 1 纪念世界环境日演讲致辞

让我们的家园更加美丽——在世界环境日发表电视讲话

×××

（20××年×月×日）

市民们、朋友们：

今天是第××个世界环境日。联合国把今年环境日的主题确定为"使地球

充满生机"，这充分反映了国际社会和世界各国人民共创美好地球家园、实现人与自然和谐共处的良好愿望。

1972年6月，联合国在瑞典斯德哥尔摩召开第一次人类环境会议，确定每年的6月5日为世界环境日。联合国环境规划署每年都选择一个重要城市举办世界环境日国际纪念活动，被选定的城市必须在经济发展与环境保护方面都取得突出成绩，在城市规划、建设和管理方面达到较高水平，在公众参与环境保护方面有鲜明的特色。今年的世界环境日对xx市具有特殊的意义，可以说是双喜临门：一是联合国环境规划署决定xxxx纪念活动在我们这座城市举办；二是xx市被联合国环境规划署评为环境保护"全球500佳"，在6月4日的颁奖典礼上被授予称号。这既是对我市环境保护工作的肯定、鼓励，更是鞭策和促进。通过这次世界环境日纪念活动和全市获得环境保护"全球500佳"称号，将推动我市更加重视和积极搞好环境保护各方面的工作。

历届市委、市政府和全市人民，都在积极探索xx市的可持续发展之路，在经济社会高速发展、城市规模迅速扩大的同时，高度重视并自觉搞好环境保护，致力于建设生态良好、环境优美的现代化城市，保持了良好的生态环境水平。联合国环境规划署认为，我市的成功经验为众多的发展中国家在工业化、城市化、现代化进程中如何实现经济发展与环境保护的双赢，提高城市规划、建设和管理水平，提供了一个可供借鉴的模式。正是基于这一原因。在征得我国政府同意后，联合国环境规划署确定xx作为举办xxxx纪念活动的城市，并将我市评为环境保护"全球500佳"。据了解，迄今全世界共有x个城市获此殊荣，这是世界环境保护领域的最高荣誉。借此机会，我代表xx市委、市政府，向我市环保工作者，向积极参与我市环境建设的广大企事业单位和市民群众，向关心和支持我市环保事业的海内外各界朋友表示衷心的感谢！

我市环境建设虽然取得了可喜的成就，但也应清醒地看到，我市生态环境状况和城市面貌与广大市民群众的期望相比，与率先基本实现现代化、建设有中国特色社会主义示范地区的要求相比，还有一定差距，还存在不少薄弱环节和突出问题,需要我们付出更大的努力,需要全市各界的更多支持和市民的积极参与。市委、市政府将一如既往地坚持可持续发展战略,以国际先进水准为标杆,继续搞好城市规划建设管理和环境保护。希望各级领导干部进一步增强环境保护和可持续发展意识,不断提高环境与发展综合决策和管理水平;希望广大企业积极履行环保责任和义务,在加快自身发展的同时为保护环境作出贡献;希望广大市民群众从我做起、从身边的小事做起,更加积极投入到我市环境保护和建设事业中来。

同志们、朋友们,让我们携起手来,共同努力,把××建设成为生态良好、环境优美、最适合人类居住的城市,使我们的家园更加美丽!使地球充满生机!谢谢大家。

范例② 纪念全民义务植树节演讲致辞

在20××年全民义务植树节电视会议上的讲话

×××

(20××年×月×日)

市民朋友们、同志们:

在这春暖大地、万木葱茏的时节,我们又迎来了一年一度的全民义务植树节。我受×××同志的委托,代表市委、市政府,号召全市机关、学校、人民团体、企事业单位和全体市民踊跃动手多植树,为建设美好家园,造福子孙后代,作出自己的努力和贡献。

我们中华民族是一个热爱大自然的民族,自古就崇尚“天人合一”、人与自然和谐共生。植树造林,绿化祖国,是维护和改善自然生态环境的重要内容。每逢植树节,党和国家领导人都亲自带头植树,为全国人民作出了表率和榜样。

　　xx建市以来,积极探索新兴城市可持续发展的路子。在地区经济高速发展和城市规模急剧膨胀的同时,高度重视生态环境的建设和保护,大力开展造林绿化工作。自1982年国务院颁布实施《关于开展全民义务植树运动的实施办法》xx年来,我市共有近xx万人次参加了义务植树活动,植树xx多万株,先后被评为全国"造林十佳城市"、全国、全省"造林绿化先进单位"、全国环境保护模范城市、全国优秀旅游城市、首届"中国人居环境奖"和"国际花园城市"等称号。可持续发展的内涵,在xx的现代化建设中得到了初步的、较好的体现。

　　当今世界,环境是文化、是生产力。一个城市的环境和面貌,已成为城市综合竞争力的重要组成部分,成为城市文明程度的重要标志,成为提高人民生活质量和水平、增进人民群众利益的重要因素。

　　国际上先进城市都是绿树成荫,树木成林,城在林中。现代化国际性城市的环境指标中,树冠覆盖率应达到40%以上,我市经过多年努力,虽然绿化覆盖率已达到45%,但却是花草多、树林灌木少,离国际这一指标尚有较大差距。

　　进一步而言,树木是人类在自然界须臾不可离开的、最好的朋友。森林和树木有着良好的生态效率,社会效率,每公顷森林制造的氧气,可供1000人呼吸之用,树木还具有较好的杀菌、降尘、蓄水等功能,是空气的"过滤器"和绿色的"消声器"。根据科学测算,同等面积的树林与草坪的生态效益综合比值为6:1,也就是说树木净化空气、保护环境的效益是草坪的6倍,而种树的养护费和综合成本则比草坪低得多。森林和树木还可为城市增姿添彩,令人赏心悦目。

　　xx要率先基本实现社会主义现代化,建设成为有中国特色社会主义示范地区,就必须以国际先进城市为标杆,精心规划部署,加大投入力度,认真扎实推进,埋头苦干三五年,务求整体提升城市规划、建设、管理的质量和水平;必须加大植树造林的力度,认真做好规划,精心挑选、培育集环保、遮阳、观赏、抗风性能为一体的优良树种,在全市范围多种树。从今年起。我们要力争每年植树××万株以上,持之以恒十年不断种树,把××这座现代化的国际性大都市建在树林里、花园里。

植树造林,绿化家园,是利于当代、荫及子孙的一项伟大事业,是每个公民应尽的责任和义务。去年底,市政府颁布了《××市全民义务植树管理办法》,希望全体市民以主人翁的姿态,认真履行自己的职责和义务,关心支持和积极参与植树造林活动。各级政府部门和有关单位要以对人民切身利益高度负责的精神,把组织专业队伍与发动全民参与植树结合起来,把全民义务植树活动与建设生态风景林、绿化城市道路、公园、工业区和商住区、整治植被采石场、采泥场等结合起来,精心组织实施,提高造林质量,做到种植一片、成活一片、美化一片。

市民朋友们、同志们,让我们携起手来,立即投身植树造林活动,使我们的家园处处绿树成荫、满城春意盎然,把××建设成为优美的生态城市、最适合人类居住生活的仙境宝地!

范例3 纪念人代会成立××周年会议演讲致辞

在纪念人民代表大会成立××周年会议上的致辞(摘要)

×××

今天,在隆重纪念人民代表大会制度建立××周年之际,市委召开了这次会议,目的是为了总结工作,交流经验,完善措施,切实加强和改进党对人大工作的领导,更好地推进我市社会主义政治文明建设,加快全面建设小康社会的步伐。

多年以来,我市各级人大及其常委会在党委的领导下,紧紧围绕全市工作大局,认真履行宪法和法律赋予的职权,在推动改革开放和现代化建设中做了大量卓有成效的工作,树立了地方国家权力机关的良好形象。特别是去

年换届以来,各级人大及其常委会坚持以邓小平理论和"三个代表"重要思想为指导,以经济建设为中心,高扬"树正气、讲团结、求发展"的主旋律,充分发挥职能作用,在强化工作监督和法律监督,开展对被任命干部的述职评议,充分发挥代表作用,努力加强自身建设等方面都取得了很大的成效。在此,我代表市委,向全市各级人大代表、常委会组成人员、向从事人大工作的全体同志,向支持人大工作和人大建设的所有同志,表示亲切的问候和崇高的敬意!

下面,我就加强和改进党对人大工作的领导,讲三点意见:

一、切实深化对根本政治制度的认识,增强坚持和完善人民代表大会制度的自觉性

人民代表大会制度是我国的根本政治制度。它是我们党领导人民进行政权建设的智慧和经验结晶,是人民奋斗的成果,是人民权力大厦的基础。特别是改革开放××多年来的实践,充分证明这个制度适合中国国体,体现人民意志,顺应时代潮流,有利于国家的长远发展,是实现人民当家做主的最有效的形式。在健全和完善人民代表大会制度中,人大肩负着重要责任,全市各级党组织、各级干部特别是领导干部,都要站在人民当家做主、国家兴旺发达的高度,进一步深化对这一根本政治制度的认识,不断增强做好人大工作的自觉性和主动性。

1.坚持和完善人民代表大会制度,是发展社会主义民主政治的首要任务。人民代表大会制度是我国的根本政治制度,它充分体现了社会主义民主的本质特征,从政治上、组织上保证了人民当家做主,行使管理国家的权力;充分体现了民主集中制原则,充分体现了党的领导与人民民主权利的有机统一,是我们党对国家事务实施领导的一大政治优势和特色。当前,建设和发展有中国特色的社会主义民主政治,最重要的是坚持和完善人民代表大会制度。各级党委和各级国家机关都要进一步深化对人民代表大会制度的认识和完善,自觉地把人民代表大会制度坚持好、落实好,不断推动社会主义政治文明建设积极健康发展。

2.坚持和完善人民代表大会制度,是实现党对国家事务的领导,巩固党的执政地位的根本保证。我们党是执政党,党的执政地位是通过对国家政权机关的领导来实现的。各级党委在同级各级组织和国家事务中发挥着总揽全局、协调各方的领导核心作用。坚持和完善人民代表大会制度,是党的政权建设的重要内容,是实现党对国家事务领导的根本保证。通过人民代表大会制度,使党的主张与人民的意志达到高度统一,从而实现党对国家事务的领导。如果党忽视对政权机关的领导,忽视国家政权的建设,就等于放弃了执政地位。各级党委一定要站在实现国家长治久安的高度,充分认识坚持和完善人民代表大会制度的重要性,高度重视人大工作,注重发挥国家权力机关的职能作用,注重将党的意志和主张,通过人大的法定程序变为全市人民的自觉行动,更好地保证党的路线、方针、政策在我市的贯彻落实。

3.坚持和完善人民代表大会制度,是依法治国、建设社会主义法治国家的客观要求。依法治市,是贯彻依法治国方略的具体实践。全面建设小康社会,要求我们必须加快依法治国、依法治市的进程。依法治市关键是依法治"官",依法治"权",重点是依法行政、公正司法,以此来保障和维护广大人民群众的合法权益,把我市政治、经济和社会生活等各个方面纳入法治轨道。只有大力支持人大认真履行职责,把人大及其常委会的作用更加充分地发挥出来,才能把依法治国、依法治市的各项工作真正落到实处。

4.坚持和完善人民代表大会制度,是加快我市现代化建设,实现全面建设小康社会战略目标的重要保证。各级人大及其常委会具有明显的人才优势和了解社情民意的工作优势,他们和广大人民群众有着广泛的联系,最能及时反映群众的意见和呼声。实现全面建设小康社会的奋斗目标,需要调动一切积极因素,同心同德,共同奋斗;需要密切党和政府与人民群众的联系,使事关全局的重大决策部署赢得人民群众的拥护和支持;需要形成了解民情、反映民意、集中民智的决策机制,促进决策的科学化、规范化、民主化。这些都离不开人大常委会作为权力机关、工作机关、民意机关职能作用的发挥。

总之,坚持和完善人民代表大会制度,直接关系到全面建设小康社会目标任务的实现,关系到建设中国特色社会主义的兴衰成败。全市各级党委要

深化对人民代表大会制度本质特征的认识,深化对人大工作的认识,尊重人大及其常委会的法律地位,支持人大及其常委会依法行使职权,充分发挥地方国家权力机关在推进经济建设和社会发展中的重要作用。

二、各级党委要切实加强和改进对人大工作的领导,支持和保证各级人大及其常委会依法行使职权

近些年来,我市各级党委越来越认识到了人大在社会主义现代化建设中的重要地位和作用,在加强和改进人大工作领导方面积累了不少经验。在各级党委的领导下,全市各级人大及其常委会坚持解放思想、与时俱进,人大工作同全市的各项事业一样,呈现出生机勃勃的新局面。今后,要在以下五个方面加强和改进对人大工作的领导:

1.要站在全局的高度重视人大工作。真正把人大工作摆在党委全局工作的重要位置,从提高思想认识入手,进一步健全制度,规范关系,推动工作。一要强化对人大工作是党委工作重要组成部分的认识,着重解决好党政领导干部对人大工作的认识问题。二要强化对人大工作重要地位的认识,切实把人大工作纳入党委工作的总体布局。三要强化保证人大依法履行职能的认识,进一步规范党委与人大的关系。各级党委要坚持总揽不包揽、协调不替代,充分尊重人大的法律地位,使人大独立负责地开展工作。

2.要以求真务实的态度支持人大依法行使职权。加强和改进党对人大工作的领导,关键是支持人大依法充分行使职权,要注意做到“三个一致”。一要坚持党委的决策与人大依法决定重大事项相一致,支持人大依法行使重大事项决定权。凡涉及政治、经济、社会等方面,带有根本性、全局性、长远性的重大问题和人民群众普遍关心的热点、难点问题,都要先按法定程序提请人大及其常委会讨论审议,形成具有法律效力的决定或决议,然后具体实施。在实施过程中要加强检查、指导,促进决议、决定的贯彻落实。二要坚持党管干部与人大依法任命干部相一致,积极支持人大依法行使任免权。要始终把支持人大依法行使任免权,作为选好、用好干部的重要一环,在推荐前要主动与人大常委会党组通气,征求意见和建议,要充分尊重人大常委会依照法定程序对任免干部的表决结果,并且届期内保持相对稳定。三要坚持使用干部与监督干部相一致,支持人大依法行使监督权。被任命干部必须向人大作就职报告并报送任期目标责任书,年终向人大报送述职报告,人大要分期分批对政府组成人员进行述职评议。

3.要以开拓创新的精神指导人大工作。加强和改进党对人大工作的领导,必须坚持解放思想、与时俱进,在开拓创新中改革和完善领导方式,在开拓创新中推进人大工作。各级党委要从新形势、新任务的要求出发,切实转变思维方式、领导方式和工作习惯,善于通过发挥人大的作用加强对地方经济、政治、文化和社会事务的领导,善于从法律和制度上保证党的路线方针政策的贯彻落实。

4.要根据现实条件帮助解决人大工作中的实际困难和问题。一是解决人大机关经费紧张问题,要根据实际情况,把人大及其常委会的经费足额列入本级财政预算,不得预留缺口。二是解决人大办公条件落后问题,人大机关的办公经费预算要根据实际需要略高于党委、政府机关,确保人大工作的正常开展。三是解决人大干部交流不畅问题,对人大机关干部的教育、培养和使用,要通过选调、培训、挂职、交流等渠道和方式予以解决。

5.要以多种形式加强对人民代表大会制度的宣传报道。要在党报、党刊、电台、电视台、网站等媒体上开辟专栏,宣传人大制度,宣传人大工作和人大代表行权履职的事迹,宣传我市推进社会主义民主法制建设取得的重大成就,鼓舞干劲,鼓舞士气。

三、各级人大要坚持与时俱进,充分发挥地方国家权力机关在建设小康社会中的重要作用

1.要在行使重大事项决定权方面有更大作为。各级人大要以"三个代表"重要思想为指导,加强对地方人大行使决定权的理论研究和实践探索,正确认识和处理地方人大决定权与政府行政管理权的关系。依法科学界定重大事项决定权的范畴,制定我市人大常委会讨论决定重大事项的有关规定。要紧紧抓住经济建设、法制建设、道德建设等带有长远性、方向性、根本

性的重大事项,抓住涉及人民群众切身利益的重大问题,适时作出决议、决定,通过依法决定重大事项,规范和推动我市三个文明建设的健康发展。

2.要在提高监督实效上有更大作为。要解放思想、与时俱进,站在人民利益的高度对"一府两院"工作进行认真监督。做到在监督内容上重点突出,在监督形式上更具实效,监督时效上更加及时。要根据工作需要,大胆运用法律规定的质询、特定问题调查、撤职、罢免等一些刚性手段,不断完善监督机制,增强监督实施,强化对权力的制约,使人大及其常委会选举和任命人员切实做到权为民所用、情为民所系、利为民所谋。

3.要在畅通民主渠道、充分发挥人大代表作用上有更大作为。要高度重视代表工作,不断探索做好代表工作的新途径、新办法。要认真落实《代表法》,加强人大常委会与人大代表和人民群众的联系,进一步拓宽了解社情民意的渠道。特别是紧紧围绕我市"三个文明"建设,组织好闭会期间的代表活动,鼓励代表为我市发展献计献策,协助党委、政府做好化解矛盾、理顺关系等工作,充分发挥人大代表在经济建设和社会发展中的作用。

4.要在加强人大常委会自身建设上有更大作为。一是要加强学习,努力提高思想政治素质和人大业务水平。力争在学习中求未知、在工作中求真知、在开拓中求新知,努力跟上时代前进的步伐,切实履行好自己的职责。二是要解放思想、与时俱进,创造性地开展人大工作。常委会每位组成人员都要进一步强化创新意识和进取意识,坚持"树正气、讲团结、求发展",强化进取意识,用宽广的眼界观察和分析形势,用开阔的思路研究和推动工作。三是要自觉贯彻民主集中制原则,保证常委会职权的正确行使。民主集中制是我们党和国家政治生活的根本原则,人大及其常委会是国家权力机关,更应该严格、自觉地把这一原则贯彻到各项工作中去。四是要密切联系群众,不断改进工作作风。要进一步树立群众观点,强化为民服务的意识,深入基层,倾听群众的呼声,了解群众的意愿,反映群众的要求,使我们的每一项工作、行使的每一项权力,都真正符合人民群众的根本利益。

第五章

典礼、仪式活动
演讲致辞

第一节 开业典礼演讲致辞

❧ 撰写要领 ❧

一、开业典礼演讲稿的概述

开业典礼演讲稿,是指在公司成立、商厦开业及其他各种场合的庆典上发表的讲话稿。

二、开业典礼演讲稿的写作要领

这类演讲稿大多是领导干部在此类活动中,为了表达祝贺之情所发表的话讲。为此,撰写时一定要目的明确、态度鲜明、结构层次清晰、内容活泼大方、语言优美。

❧ 范文经典 ❧

范例 1 公司开业典礼

在××县××农业发展有限公司开业典礼上的讲话

×××

（20××年×月×日）

同志们:

严寒渐退,春意日浓。值此新年伊始,我们迎来了××县××农业发展有限公司的隆重开业。这是我县经济发展中的一件大事,也是全县人民的一大喜事。

在此，我代表县委、县政府对县××农业发展有限公司的隆重开业表示热烈的祝贺，向为××县××农业发展有限公司建设付出辛勤劳动的建设者表示衷心的感谢，向今天前来参加开业典礼的各位来宾、各界朋友表示热烈的欢迎！

××县作为典型的平原农业大县，是国家农业部命名的无公害农产品基地县之一。如何加快我县农业结构调整步伐，推进传统农业升级上档，使农产品上质量、提品位，提高农产品的市场竞争力，促进农业增效、农民增收，是县委、县政府着力思考、力求解决的严峻课题。作为现代农业发展的重要方面，生态农业建设离不开无公害农用药肥的生产和使用。××县××农业发展有限公司作为××镇重点招商引资项目之一，由××××农药厂和××镇投资方共同投资××万元兴建，立足我县农业发展形势及周边地区实际，紧紧抓住这一市场商机，计划新上×条生产线，主要生产0.5%黎芦碱、叶面微肥和杀虫剂等无公害农用药肥。企业投产后，年产值可达××余万元，创利税××万元，可安排××余人就业。××农业发展有限公司的建设发展，不但顺应了现代农业发展的潮流，具有广阔的市场发展前景，而且对于壮大我县企业群体、推进项目建设进程、增加财政收入、吸纳剩余劳动力等方面都有着积极的促进作用。

春华秋实，前程似锦。××县××农业发展有限公司开业运营以后，希望公司全体员工要牢固树立"厂兴我荣，厂衰我耻"的忧患意识，把质量和效益作为企业的生命线，内强素质，外树形象，建一流企业，带一流队伍，出一流产品，创一流业绩，敢与同行争位次，瞄准市场要效益，打出品牌，闯出路子，不断增强企业的生机与活力，把企业做大做强，为全县经济建设作出更大贡献。同时，县委、县政府也要求××镇党委、政府和××县各有关部门，要继续发扬过去的好传统、好作风，寓监督管理于优质服务之中，制定得力措施，大开方便之门，各司其职，各负其责，切实为企业保驾护航，做好企业的坚强后盾，一如既往、不遗余力地帮助和支持企业发展壮大，使其早日成为立足××、面向全市、辐射全省、影响全国的无公害农用药肥生产企业和我县的利税大户、贡献大户。

最后,祝××县××农业发展有限公司开业大吉、生意兴隆、前景辉煌,祝各位来宾新年愉快,工作顺利,万事如意。

谢谢大家!

范例 2 宾馆开业典礼

在宾馆开业典礼上的致辞

×××

(20××年×月×日)

各位领导、各位嘉宾:

大家好!

××宾馆乘八面来风,应万众企盼,在这火红的季节里隆重开业。值此,我代表公司全体员工对各位领导、各位嘉宾的光临表示热烈的欢迎和诚挚的感谢。特别感谢专程从××赶来参加庆典的××先生、××女士和××小姐。

××宾馆的建成,从筹建到施工,从招商到开业,得到了各方面领导的高度重视和关怀。得到了××酒店和兄弟单位的大力支持,尤其是工程部的同志们为工程洒下了辛勤的汗水。在此,向所有参与工程的领导和建设者们致以深深的感谢,向奋战在一线为保证开业辛勤工作的全体职工致以崇高的敬意!

经典装修的××宾馆定位×星级,会让客人享受到五星级的服务。相信经过全体员工的共同努力,将不负众望,再创辉煌!

最后,再一次感谢各位领导、各位嘉宾的光临,同时也预祝××宾馆开业大吉,生意兴旺,财源广进。

谢谢大家!

范例 3 酒店开业典礼

酒店董事长在酒店开业典礼上的致辞

×××

（20××年××月××日）

尊敬的领导、来宾朋友，女士们，先生们：

大家好！

值此××大酒店隆重开业之际，我谨代表××集团，向今天到场的领导、来宾和所有的朋友们表示衷心的感谢和热烈的欢迎！

××集团自成立以来，一直受到××各界朋友的关爱和支持。在这里，我们特别要感谢××区管委会领导的悉心指导和政策扶持。正是有了社会各界的鼎力相助和全心扶持，××才从无到有，不断发展壮大，并取得了不错的业绩。在这里，我先代表集团全体同仁向所有关心和支持我们的朋友表示最诚挚的谢意！

我们××集团，是蓬勃发展的集团，是富有生命力的集团。一直以来，我们以"自我积累、自我发展、开拓进取"为集团发展的主要模式，以××为主要经营项目的集团化公司为发展目标，孜孜不倦，奋力拼搏。××大酒店，是我们××集团投资兴建的又一大项目，也是我们××人智慧和汗水的结晶。它是按照×星级旅游涉外饭店标准建设，集商铺、办公、酒店、餐饮、休闲、娱乐于一体的综合性商务酒店。它的落成和开业，是我们××集团的发展壮大的一大里程碑，也是我们为答谢××人民而献上的一份珍贵的礼物。我们力图将其建设成为××区的地标性建筑和对外的窗口，实现酒店的顺利经营和兴旺发展，为××区的繁荣昌盛而全力以赴、竭尽所能地贡献出自己的力量！

作为××集团的董事长，我很高兴地看到××大酒店能够顺利落成并且隆

重开业！在此，我特别要感谢××的全体员工，是你们的坚定信念和艰辛努力才有了××大酒店。谢谢你们！

我真诚地希望，在新的纪元里，社会各界的朋友们，特别是××区的各位领导，能一如既往地关心和支持××，扶持和帮助××大酒店不断发展和成长。同时，也诚挚地渴望，各位业界同仁能够和××互相交流、提携发展，联手共创××区辉煌的未来！

最后，我预祝××大酒店开业庆典圆满成功，也衷心地祝愿××大酒店能够拥有一个灿烂的明天！

谢谢大家！

范例 4　工程开工典礼

在××水电站开工典礼上的讲话

×××

（20××年×月×日）

尊敬的各位领导、各位来宾、同志们：

在举国上下隆重纪念伟大的中国共产党成立 80 周年的大喜日子里，××人民迎来了盼望已久的××水电站开工建设。××水电站的开工建设，充分体现了党中央、国务院对××人民的亲切关怀，是中央、国家有关部门和××省、××省对××水电站建设的一贯支持，××历届党委、政府、各有关部门和电站周边地区广大干部群众的一贯长期努力，以及从国家到地方的几代水电工作者付出宝贵心血和汗水的结果。在此，我代表××区党委、××区人民政府和××多万××人民对党中央、国务院的关怀表示衷心的感谢，对长期以来关心支持××水电站建设的各级领导和同志们致以崇高的敬意。

××地处××地区和××地区的结合部，水能资源十分丰富，特别是××河被誉为水能资源的"富矿",在国家"××××"基地建设中处于重要位置。××水电站是××河梯级开发的龙头电站,是国家实施"××××"工程的重要骨干项目。建设××水电站。对满足××地区日益增长的电力需要,对优化××电网的电源结构,提高供电质量,增强××河下游及××两岸地区的防洪能力,对改善通航条件,促进××地区的经济社会发展具有重要意义。××各级政府和广大干部群众将全力支持××水电站的建设,积极搞好服务工作,努力创造良好的建设环境,确保工程建设的顺利进行。

××水电站的开工建设,标志着××贯彻国家××××的战略决策、实施"十五"计划的进程进入了一个新的阶段。我们决心更加紧密地团结在以江泽民同志为核心的党中央周围,高举邓小平理论的伟大旗帜,认真学习实践"三个代表"重要思想,团结奋斗,开拓进取,让××河上这颗闪亮的明珠放射出璀璨的光芒!

范例 5　医院启用典礼

在县医院启用典礼仪式上的讲话

×××

(20××年×月×日)

各位领导、各位朋友、各位来宾:

在这草飞莺长、万花争艳的季节里,我们××县××医院,终于在今天开业了!在此,让我们代表××医院全体员工向关心和支持××医院建设的各级领导和社会各界人士表示最诚挚的谢意,对到会的各级领导和各位来宾表示最衷心的感谢。××医院在建院前两年的孕育中,得到了××市经贸有限公司××经理的全力资助,奠定了建超大型医院的基础。在××县县委、县政府、县政协等领导机关的关心和支持下,于20××年×月×日举行了奠基仪式。经

145

过近一年的紧张施工和筹备，终于在今天隆重开张营业。

我们××医院总占地××平方米，总资产××万元，现拥有员工××余人，是市政府批准设置的目前我市最大的一所综合性民营医院。

一流的设备、一流的人才是我们建院的基础。我们立足于长远发展的战略高度，实施科技、人才兴院战略。绝大多数医疗设备是从美国、日本、德国引进的，很多项目属于省内、国内尖端技术，部分项目在我市独家开展。经过近一个多月的技术培训，各类技术人员均能熟练掌握其操作技术。

尊重知识、尊重人才是我们兴院的根本。现我院有省级劳模×人，市级拔尖人才×名，有正主任、副主任医师技术职称的人员××名，各科学带头人工作年限均在××年以上，还从有影响的专业医学院中招聘了近××名本科生以上的青年医师和××名高等护理人才，形成了以中青年为主的医学骨干队伍。

优质的服务理念和先进的管理模式是我们建院的基础。

物竞天择，适者生存。要适应市场经济的竞争规律，根本的问题是观念要转变。近三个月来，我们开展了系统的岗前培训，组织部分专家，去××、××参观学习，组织全院人员去××拓展开发公司脱产强化训练，请专家来院授课培训。使大家在世界观、价值观上达成共识，形成了一种坚实的高尚理念，"让百姓看得起病，让百姓看放心病"是我们的办院宗旨，"争第一，练绝活，创名牌"成为××人的精神。"想病人所想，急病人所急，做病人所需"成为××人的服务观。规范化的管理，人性化的服务，已在我院大显成效。

长风破浪会有时，直挂云帆济沧海。在县委、县政府的正确领导下，在上级业务部门的正确指导下，在社会各界的大力支持下，我们××人决心以更加百倍的努力，开创××医院更加绚丽璀璨的明天，让××医院迅速成为救死扶伤的神奇圣地。

谢谢大家！

第二节 开学、毕业典礼演讲致辞

撰写要领

一、开学、毕业典礼演讲稿的概述

开学、毕业典礼演讲稿,是指在各级各类学校与毕业仪式上的讲话稿。

二、开学、毕业典礼演讲稿的写作要领

这类演讲稿主要表达对本学年教学开始或学生结业的总结,提出下一步工作的目标任务、工作重点、对教学的部署等。因此,撰写稿件时,一定要注意演讲稿层次清晰,语言简洁明快、生动流畅。

范文经典

范例 1 党校开学典礼

在市委党校 20xx 年秋季开学典礼上的讲话

×××

同志们:

新的学期又要开始了。在此,我向刚刚入学的中央党校、省委党校函授本、专科新生表示衷心的祝贺,祝贺你们在继续学习的道路上又迈出了新

的、重要的一步；也祝已在党校学习的同志们在新的学期里取得更好的成绩。

大家知道，党校是我们党学习、研究、宣传马列主义、毛泽东思想、邓小平理论的重要阵地，是培训干部的主要渠道和进行党性锻炼的熔炉。细心的同志不难发现，以×××同志为核心的党中央的许多重要思想、创新理论，几乎都是以总书记重要讲话的形式，首先在中央党校举办的省部级领导干部研修班上发表的，由此足见党校地位、作用的独特和重要。因此，在座各位有机会到党校学习，是件十分幸运的事情，希望同志们倍加珍惜，认真学习，刻苦磨炼，学出成效，学出水平，为我市的现代化建设作出更大的贡献。下面，我向大家提几点要求。

一、认清形势，迎接挑战，不断增强学习的紧迫感和自觉性

同志们，21世纪是经济全球化、信息网络化的时代，是科学技术日新月异、突飞猛进的时代，是综合国力竞争日趋激烈的时代。在这一时代背景下，我国又处在经济体制转轨、机制转换和社会转型时期，旧的经济运行规则尚未完全打破，新的市场体制尚未完全建立，随着经济发展和改革的深入，各种深层次的矛盾正在不断显现出来。我国加入WTO之后，虽为经济更快地融入国际经济社会和增强综合竞争实力，更快地建立和发展社会主义市场经济体制，提供了强大的动力，但同时也使我国经济和社会诸方面面临更多的挑战。面对新的形势和任务，面对新的情况和变化，面对知识经济、经济全球化给我们带来的挑战和机遇，我们怎样才能成为既有坚定正确的政治立场，又有世界眼光、创新精神、战略思维和丰富知识的适应新世纪要求的优秀人才？怎样才能在错综复杂的国际风云中永远保持清醒的头脑，不迷向，不动摇？怎样才能在改革开放和社会主义现代化建设中作出自己的新贡献？关键是要不断增强继续学习、终身学习的紧迫感和自觉性，树立工作学习化、学习工作化的新理念，把学习和工作紧密相结合，学习一切需要学习的东西，努力打好为党和人民事业建功立业的思想根底和知识功底的要求，认真学习马克思主义、毛泽东思想、邓小平理论和"三个代表"重要思想，认真学习市场经济理论,认真学习社会主义现代化建设的必备知识,认真学习人类积累起来的一切丰富知识。只有这样,我们才能不断地充实自己、丰富自己、提高自己,才能与时俱进,跟上时代的步伐,才能在社会主义现代化建设中有所作为。否则,就会被时代无情地淘汰。

二、发扬理论联系实际的优良学风,积极探索、研究当前改革开放和我市现代化建设中的重大问题

理论联系实际是我们党的优良传统,也是我们党校教育的根本学风。同志们在党校要学理论、学知识,但更重要的是提高运用理论解决实际问题的能力。只有这样,才能真正实现党校函授教育"理论、知识、党性、能力"四位一体的培养目标,才能充分发挥科学理论、科学知识对实践的重大指导作用,才能使理论在实践中得到检验、丰富和发展。因此,同志们在学习过程中,一定要紧紧围绕我国改革开放和社会主义现代化建设中的重大问题,特别是我市两个文明建设中的重大问题,积极进行探索和思考。改革开放以来,我市在两个文明建设中取得了突出的成绩,得到了中央、省各级领导的肯定并引起了世人的瞩目。今年 1~6 月,全市经济建设和各项社会事业继续保持良好的发展势头。全市实现国内生产产值××亿元,比去年同期增长百分之××;财政收入××亿元,增长百分之××,财政收入总量在全省县级市中名列第一。但是,和上级领导的要求相比,和东南沿海发达地区相比,和周边县(市)相比,我们在产业结构调整方面,科技进步方面,以及利用外资等方面还存在着一定的差距和部分优势弱化的问题。对此,我们要有强烈的危机感和紧迫感。希望同志们针对这些差距和问题,紧紧围绕我市现代化建设的奋斗目标,就如何进一步增强我市经济竞争实力,加快科技创新,推进结构调整,优化投资环境,提高企业素质、深化精神文明建设和着力营造经济发展的结构优势,对外开放的比较优势,充满活力的机制优势,人才辈出的人文优势和城乡一体的环境优势等重大问题,运用学到的科学理论和知识,深入进行探索和研究,为市委、市政府的科学决策提供参考和依据,在进一步推进和提升我市社会主义现代化建设中实现科学理论和自身的价值。

在这里,我要特别提及的是:世界在发展,实践在发展,源于实践的理论也在深化和发展,因而,理论与实践的结合,是一种动态的结合,是一个创新的过程。这就要求我们不仅要有理论创新的勇气和胆魄,而且要以创新的理论不断正确回答我国改革开放实践中,特别是我市现代化建设中出现的新情况和新问题。这样才能真正实现理论与实践的、具体的、现实的、正确的统一、才能真正起到改造世界的目的,才能真正推进我市的两个文明建设。

三、按照"三个代表"的要求,切实加强党性锻炼

党校不仅是学习、宣传马克思主义的重要阵地,也是加强党员干部党性锻炼的大熔炉。党校函授教育把党性教育列为必修课,并贯穿于学员在党校函授学习的全过程。这是由党校的性质、党校的培养目标决定的。同志们参加党校学习,就应该在学习理论、学习知识的同时,密切联系自己的思想实际和工作实际,自觉地加强党性锻炼。同时,还应当把党性锻炼的标准定得更高一点,因为我们毕竟是两个文明建设的典型,起点高,要求也高。要加强党性锻炼,关键是要坚持"三个代表"重要思想。"三个代表"重要思想,是对近80年中国共产党的革命实践、50年新中国的党建实践的高度概括和理论总结,是对马克思主义建党理论的重大发展,是我国新时期加强党的建设的根本指导思想,也是我们党校工作的根本指导思想。我们一定要"学习,学习,再学习,落实,落实,再落实",一定要按照"三个代表"的要求,在进一步解放思想、实事求是、坚持党的基本路线上下功夫;在树立正确的世界观、人生观和价值观上下功夫;在坚持全心全意为人民服务的根本宗旨上下功夫;在培养良好的政治素质、组织观念和脚踏实地的工作作风上下功夫。只有这样,我们才能经受住改革开放和市场经济的考验,我们才能永远保持人民公仆的本色,保持敢于争先的锐气、自加压力的勇气、负重奋进的志气和团结拼搏的士气,我们才能不断创新,不断进取,不断开创全市各项工作的新局面。

同志们,新的学习生活就要开始了,为保障函授学习顺利进行并取得好成绩,在这里,我提出几点希望和要求:一要统筹兼顾,合理安排,处理好工学矛盾。不能因工作忙而放弃学习，也不因学习重而懈怠工作，要做到工作学习两不误。时间是挤出来的，减少一点应酬娱乐，加快一点生活节奏，我们就会成为时间的主人。事先安排好工作、协调好家务，有什么样的矛盾不能解决呢？二要摆正集中面授和自学的关系。函授是一种以自学为主的教学形式，认真阅读，勤于思考，就能举一反三。触类旁通，面授则是根据教学大纲着重讲重点，讲难点，释疑点，因此，同志们在学习中不能借故缺席，要尽量保证面授。三要严格遵守党校规章制度。在党校学习，不管在单位是什么职务，都是普通学员，都要自觉遵守校纪校规。希望大家通过本科两年半、专科三年的学习，在理论基础、党性锻炼、世界眼光、科学思维和业务能力上都有明显提高，不仅在思想上、政治上要高标准毕业，在理论学习上也要以优异的成绩毕业。也希望党校在加强对学员管理的同时，党校的教师也不断充电，不断提高自己的教学水平，以适应新时期干部培训的需要。

同志们，社会主义现代化的宏伟事业需要你们去建设，中华民族的伟大复兴将在你们手中实现。党和人民对你们寄托着殷切的期望。希望你们热爱祖国，热爱人民，志存高远，胸怀宽广，在改革开放和现代化建设的广阔舞台上，充分发挥自己的聪明才智，展现自己的人生价值，努力创造无愧于时代和人民的业绩。在座的学员大都正处在美好的青年时期，希望你们不要辜负总书记的期望，自觉地肩负起历史的重任，为中华的振兴，为我市的改革开放和现代化建设作出贡献。

最后，祝全体学员学习进步，以优异成绩迎接党的××大的召开。

范例 ② 职校开学典礼

在××职业学院 20××级新生开学典礼上的讲话
院长×××
（20××年×月×日）

同学们、老师们：

今晚，我们在这里隆重举行 20××级新生开学典礼。首先，我代表××职业学院的全体师生员工，对从祖国四面八方汇聚到我们这个大家庭的新同学们，表示热烈的欢迎！

××职业学院诞生于××××年×月，为了满足经济社会的发展需求，以及广大考生求学的欲望，经××省人民政府批准、国家教育部备案，××集团××公司组建了这所创新型的全日制普通高等学校，它是××省和××集团系统内唯一的一所××职业学院。

我们学院确立了"准确定位、稳步发展、高质量办学、创特色名校"的办学思想，"进得来、学得好、出得去"的办学理念和"以德立校、依法治校、科研兴校、质量强校"的办学方略。同时，也造就了一支"双师"型师资队伍，建立起了手段先进、功能齐全的教学和实训设施。尤其是近年来，××学院加大投资力度，建设了数控机床、会计电算化等全省一流的实习实训设施，在××公司等大型企业建立了××多个校外实训基地。根据教育部的要求，××职业学院实行了"2+1"的教学模式，即理论学习两年、实训一年。学院通过进行人才需求状况调研，拓宽了学生就业途径。由于学院的"订单"教育搞得好，专业设置得好，20××年，××职业学院被评为"××省最受企业欢迎的××职业院校"。

同学们，今天我们举行开学典礼，我作为院长，对大家的到来感到由衷的高兴和欣慰。当前，同学们的首要任务就是要尽快实现从中学学习到大学学习的转变。借此机会。我向同学们提出几点希望和要求：

第一,志存高远,树立远大理想

理想和信念是人生的精神支柱。同学们进入了我们××职业学院,就等于开始了新的起跑,要克服那种没有进入本科大学的失落感和自卑感,要自信,只要树立了远大的理想,不在乎一时一地的得失。华罗庚没有进入正规的大学,靠自学照样成为著名的数学家;爱迪生也没有进入正规的大学,可他成了世代尊崇的大发明家;韩国的卢武铉只有职业高中学历,经过努力,一样实现了自己的人生梦想,当上了总统。我想告诫同学们,上了职业学院照样有出息,有作为,你们的前途不可估量。

路,就在脚下。希望同学们一定要铭记家长和教师的嘱托,珍惜到我们××职业学院学习的这三年宝贵的时光,克服浮躁心理。那种"考上大学歇口气"、"60分万岁"的心态是要不得的。社会需要的是功底扎实、具有真才实学的人。因此,殷切希望同学们务必踏踏实实,刻苦学习,勤奋钻研,牢固树立专业思想,学好专业知识,练就过硬的专业本领,从培养自我管理、独立生活、沟通合作、自主发展的能力做起,主动迎接市场经济对人才需求的严峻挑战,成为对经济社会的有用之才、栋梁之才,为祖国的建设和发展作出积极的贡献。

第二,诚实守信,培养高尚品德

古人告诫我们:"德者才之主,才者德之奴。"意思是说,德行是才学的主人,才学是德行的奴仆。高尚品德是一个人一生事业的基石,因此这个地基必须建牢。大学是一个德才锤炼的熔炉,其教育要求就是培养健全人格。

大学时代是人生的起步阶段,是行为养成的关键时期。为了保障你们的学习和生活,学院制定了严格的规章制度和规范要求,你们要自觉服从学院的管理,认真践行学生守则,从小事做起,从自身做起,在一点一滴中积累,在一言一行中培养,加强自身修养,规范自身行为,端正自己的品行,陶冶个人情操,使自己成为一个诚实守信的人、一个道德高尚的人、一个身心健康的人、一个德才兼备的人、一个创新进取的人、一个和谐发展的人。一句话,

做一名品学兼优的、合格的大学生。

第三，准确定位，正确认识高职教育

高等职业教育是高等教育的重要组成部分，相对于普通高等教育而言，它是一种类型，而不是一个层次。高等的内涵要求是具有深厚的知识功底，职业的内涵要求是具有很强的实践能力。普通大学培养的是研究型、设计型人才，高职院校培养的是高层次的技能型、应用型人才。

高职院校发展得好不好，高职学生能否培养成才，关键在于定位是否准确。所谓定位，就是我们为谁服务、培养什么样人才的问题。职业学院培养目标定位在适应经济社会发展需要的生产、建设、管理、服务第一线的高等职业技术应用型人才，简要地说就是培养"下得去、留得住、用得上"，深受企业欢迎的人才；学生发展方向定位在直接从事就业、专升本和出国深造三个方面，其中以直接从事就业为主体方向。同学们一进校就要端正个人的学习目的，定准未来的发展目标，选好自己的专业方向，确保少走弯路，经济成才。

第四，尊敬师长，正确处理师生同学之间的关系

"师者，所以传道、授业、解惑也"。老师，是知识的传播者，也是你们成长的领路人。我国自古就有尊师重教的传统美德，尊重老师，就是尊重知识、尊重自己。因此，每一个学生都要尊敬师长，热爱自己的老师。老师们也要真诚地热爱每一位同学，要以身作则，为人师表，做学生的良师益友。同学之间要以诚相待，学会沟通，学会合作，多看别人的长处，多学他人的优点，多包涵和容忍别人的缺点。希望你们互相学习，互相爱护，互相帮助，共同提高，共同进步。

梅花香自苦寒来，宝剑锋从磨砺出。机遇总是垂青那些早有准备的人。同学们，你们将在××职业学院度过三年宝贵的大学时光和美好的校园生活。从今天开始，你们已成了××职业学院的主人，××职业学院这个名字将伴随你们的一生。

希望同学们关心和支持学院的建设和发展，积极参与学院创建"少而精、小而强"一流职业学院的建设并作出积极的贡献。我相信，你们一定会珍惜人生最为珍贵的青春年华,用智慧、勤奋和美好的心灵,谱写出新的人生篇章。

谢谢大家!

范例 3 新生开学典礼

在××××大学 20××级新生开学典礼上的致辞

×××

亲爱的 20××级新同学们:

首先,请允许我代表校党委、行政,代表全体师生员工向大家表示热烈的欢迎。

到大学来(或上研究生),于你们而言,是一次重要的转折。今天我想与你们谈谈转折的话题。

人的一生会碰到很多次转折,多数转折是社会性的,还有一些则是自己生涯的转折。

你们生活在一个伟大的时代,一个向知识经济转移的时代。知识虽然从远古的时候开始就不断扩展,但从未像今天这样日新月异,从来没有像今天这样令人新奇,甚至令世人难以想象。知识也从来没有像今天这样在社会经济、人们的生活中扮演如此重要的作用。然而,这个时代最大的特点,莫过于它对社会、国家、业界、大学乃至知识精英们施加的无穷无尽的压力,那就是不仅要学习、掌握、运用知识,还要扩展、创造知识。这就是时代赋予你们的责任。

你们生活在一个伟大的时代,一个向信息社会转移的时代。今天的信息伴随着知识的流动、物质的流动、价值的流动,伴随着人们的一切社会活动,它像幽灵一样,无所不在。如何在你们的学习、研究中充分利用信息,这是你

们的艰巨使命。

你们生活在一个伟大的时代，一个正在走向经济"全球化"的转折时代。经济"全球化"像精灵，像恶魔；有人爱，有人恨；有人颂扬，有人诅咒。但无论爱与恨、无论颂扬与诅咒，人们不得不去适应它。我们的年轻学子们，你们是否做好了准备？在"全球化"的浪潮中，你们要做的不仅仅是适应，还要学会接受挑战。未来几年，将是培养你们竞争力、挑战力的绝好时机。

你们生活在一个伟大的时代，正是中国老百姓从关注温饱转向关注生存质量、关注环境与健康的时代。在这样的一个伟大转折中，你们今后自然应该扮演关键的角色。

你们生活在一个伟大的时代，一个中国正在和平崛起的时代。五千年的文化古国，伟大的中华民族正期待着复兴和崛起，而你们这一代恰恰是中华民族崛起的希望，同学们，你们准备好了吗？

时代在转折，转折是机会，要把时代的转折转化为对社会贡献及人生发展的良性转折。

同学们，你们来到××××大学这所殿堂，是你们步入知识精英阶层的重要转折，是你们今后一生承担社会责任的转折。要实现这些转折，却需要同学们首先实现学习、思维及行事方式的转变。你们中的一部分人，甚至必须很快地完成从父母的呵护中向独立生活的转变。你们需要尽快实现学习方式的转变。要从解题的技巧与追求分数中解放出来，你们或许曾经千锤百炼，谙熟此道，但是缺乏对思想甚至哲理的领悟，是永远不可能达到学习的高峰的。对于多数人而言，你们可能要实现从被动学习到主动学习的转变。在中学时代，同学们已经习惯于学习老师传授的、前人总结的、共性的、一般的知识。可是，仅仅这样是不够的，走进大学后，你们要善于从一般知识中去寻找特殊，也要从特殊知识中去升华、凝练到一般。

我们教育中的一大缺憾是学生质疑和质询能力的缺乏。不管是医学、工程，还是理学，所有新的原理、发现或技术，都是源于对已有知识的质疑或质询。这其实就是批判和独立性思考。同学们，创新是中华民族复兴和崛起的根本,而批判和独立性思考则是创新的灵魂。

我们还要善于在学习中培养自己的团队、协同精神,这与在中学的学习是不一样的。当今重大的科技研究或工程无一不需要协同精神,而对于有领导潜质的优秀同学而言,更需要通过团队和协同来提高自己的领导力。

同学们,你们面临的最大转折还是走向成熟。你们中间的绝大多数,正处在最有生气、充满活力的年龄,而成熟最根本的标志是人生观的形成。很多大师都认为,做学问先要做人。我们不仅要学习知识,更要恪守民族大义,坚定我们的信仰,修炼自己的德行。永远地听党的话,把祖国和人民的利益放在首位,德在人先,利居人后。对于那些豪情满怀、志存高远的同学,这一点尤为重要。希望你们"宁守浑噩而黜聪明,留些正气还天地;宁谢芬华而甘淡泊,遗个清名在乾坤"。

人生的转折也不全是美好的。如果忘记中华民族的伤痕,忘记父母含辛茹苦的养育之恩,忘记做人的基本律条;如果失去信仰,缺少学习的动力,沉迷于无聊虚幻的网络世界……如此等等,都会导致人生悲剧的转折。这是我们必须拒绝的。

××××大学是中国最具活力的大学之一。未来的几年,你们会在这里接受高质量的教育,会受到学校人文氛围的熏陶;会有展现你们能力的各种机会,你们还会学会如何独立思考。希望你们今后细细品味××××大学的活力所在,但愿她的活力使你们更加充满生气,也希望你们的生气更增添××××大学的活力。

最后,我衷心地祝愿你们,未来的岁月,文章恰好,人品本然。让在××××大学的经历,成为实现你们人生重大转折的基础!

谢谢大家!

范例 4　中学毕业典礼

在 20××届××中学毕业典礼暨表彰大会上的致辞

各位老师、亲爱的同学们：

早上好！

在此，我代表学校并以我个人的名义，向今天获奖的、向在 20××年中考中取得优秀成绩的同学以及完成学业按期毕业的同学、向本次表彰的各学科竞赛取得优秀成绩的同学们表示衷心的祝贺！向今天迈入我校大门的 20××级新同学表示热烈的欢迎！向一学年来付出辛勤劳动并取得教学成绩的全校老师们、同学们表示诚挚的感谢！

亲爱的老师们、同学们，在这个值得祝贺，也是今天要离开自己母校的莘莘学子会牢记一生的日子里，我想讲三点问题：

第一，20××年，咱们学校的毕业生 6 月参加了中考，在初三毕业班的师生共同努力下，取得了良好成绩。升入重点高中的同学有××名，突破我校历史纪录，你们为学校争了光、添了彩，你们是我们××中学的光荣和骄傲，母校以你们为荣！

母校期望所有升入高一级学校继续学业深造的同学们，能够发扬你们在母校里所表现出的刻苦努力、勤奋求实、自强不息的精神，学好科学文化知识，成为祖国的栋梁之材；对没有被高一级学校录取，即将踏上现代化建设工作岗位的同学们，希望你们在今后的工作中，为祖国的经济建设奉献出自己的青春和力量，"三百六十行，行行出状元"，只要你付出努力，一定能成为祖国建设的有用之材；对个别没有完成学业，缓发毕业证书和结业的同学，母校衷心期望你们能够正确认识自己初中年段学习过程中学业上的不足，争取早日通过补考，完成学业！"知识就是力量"，学好科学文化知识，才能为社会多作贡献、作好贡献。

第二，对于踏入我校，即将开始初中三年学习生活的新生同学们，希望你们能在美丽的××中学校园里，完成你们从小学生到中学生、由小孩到有为青年的人生转折。"良好的开始是成功的一半"，在此，我希望你们能够学习××中学优秀学子们勤奋、求实、自强不息的精神，从现在起，在新的人生阶段起跑线上，严格要求自己，以今天毕业的优秀同学为楷模和榜样，通过三年的学业学习，取得比今天毕业的你们的大哥哥、大姐姐们更骄人的成绩。我也相信，你们会做得比他们更好！

第三，对于在校继续学习的同学们，你们完成了本年度的学业，从下学期起，大家将进入高一年级阶段的学习。成绩只能代表过去，不能说明将来，这一学年里取得好成绩的同学，希望继续努力，"百尺竿头、更进一步"；没有取得好成绩的同学，期望你们慢鸟先飞，反思自己过去一年里学习态度、学习方法和学习过程，正确认识自己的优势和劣势所在，取长补短，努力超越自己，在新学年里取得好成绩。

特别强调一点：现在升入初三年级的同学们，一年之后，也会像今天毕业的你们的大哥哥、大姐姐们一样，参加毕业会考，完成初中学业。你们的父母、老师和同学，把期望的目光集中在你们身上，能不能为自己、为师长、为学校争光，是你们应该考虑的问题。你们身上肩负着我们全体××中学的期望，任重而道远。"机不可失，时不我待"，希望同学们有使命感和紧迫感，珍惜时间，抓住机会，为明年的中考做好准备。

同学们，你们是早上八九点钟的太阳，是我们××中学的未来和希望，更是祖国的未来和希望，今天你们是芬芳的桃李，明天是国家的栋梁。希望大家从我做起、从今天做起，在暑假期间，要认真完成自己的暑假作业、多读书、读好书；与此同时，也希望同学们能在社区里参加有益于身心健康的活动，在家里帮助父母完成家务劳动，以此作为自己的社会实践作业，来锻炼自己自强、自立的能力。

同学们，生命是宝贵的，它对于每个人只有一次，我们要珍爱生命、注意

安全。在暑假期间,严禁到河边戏水、游泳,严禁到不安全的地方去;同时要保护我们自身的身心健康,严禁到网吧等不适合未成年人的场所。

最后,祝全体毕业生同学们学习好、工作好、身体好!同时,也希望全校师生过一个安全、祥和、愉快的假期,祝大家暑假快乐!

范例 5 结业典礼

在第×期党校学员结业典礼上的讲话

×××

(20××年×月×日)

××××学院第×期党校经过一个多月的紧张学习,今天就要结束了。在此,我代表学校党委对顺利结业的学员们表示热烈祝贺!对为此付出辛勤劳动的各位授课教师、指导教师表示衷心的感谢。

下面,针对这次培训,我主要讲两个问题:一是本期培训的基本收获,二是给大家谈几点希望。

一、本期培训的基本收获

我们整个培训共安排了××次大课,×次考试辅导,×次分组讨论,×次结业考试和总结交流。从大家学习、讨论、总结交流以及结业考试的情况看,绝大多数学员能够严格按照教学计划认真参加培训,总体上讲,达到了预期的目的。主要收获有以下几个方面:

1.大家对中国共产党的认识更加系统、更加全面,理论水平有所提高。通过学习,把对党朴素的感性认识上升为理性认识阶段,能够较准确地理解党的性质、宗旨、奋斗目标、指导思想等党的基本理论,掌握了党员条件、入党程序等基本知识,了解了共产主义运动及中国共产党发展中一些基本史实,基本理解了从马列主义到毛泽东思想再到邓小平理论是一脉相承的理论体系，"三个代表"重要思想是我们党"立党之本、执政之基、力量之源"的深刻内涵。

2.入党动机进一步端正。每一个入党积极分子在递交入党申请书的时候，可能有着不同的心态，多数同志是抱着为人民服务、为共产主义奋斗的思想，但也有相当一部分人或者是随大流，或者是认为入党光荣，甚至今后可以做官、捞好处。我们说，有一些不正确的想法并不可怕，关键是要不断提高正确的认识，并在实践中不断改正。通过党校学习，大多数同志理解了入党的真正含义，树立起了正确的入党动机：只有为了献身共产主义事业，更好地为人民服务而要求入党，才是唯一正确的；认识到入党意味着奉献，下决心一辈子全心全意为人民服务，立志将自己的一生献给共产主义事业。在现阶段，就是要积极投入建设中国特色社会主义伟大事业中，为最终实现共产主义远大理想创造条件。

3.共产主义信念更加坚定。通过学习、讨论，大家认识到，尽管国际共产主义运动发展历尽曲折，但马克思主义所揭示的人类社会发展的规律是不可抗拒的，它不以人的意志为转移，社会主义取代资本主义是历史的必然。

在中国，从马列主义到毛泽东思想，再到邓小平理论及"三个代表"重要思想，我们党在实践中摸索前进，为建设中国特色社会主义道路积极探索。其间，党经历过挫折和失误，可贵的是党不仅勇于纠正自己的错误，而且避免犯错误的能力越来越强。当前，我们正处在错综复杂的国际国内环境中，正因为有了邓小平理论这一当代马克思主义，有了党中央的坚强领导，我们才能坚定不移地贯彻执行"发展才是硬道理"。奥运会的成功申办、APEC会议的顺利完成、成功的"入世"，成功抗击"非典"……这一切成就的取得都说明历史选择了中国共产党，经过半个多世纪的奋斗，党领导中国人民从站起来、到富起来、再到强大起来，正满怀信心地从一个胜利走向另一个胜利。

4.弄清楚了党员的基本条件。通过学习，大家认识到共产党员既是人民中的普通一员，又不等同于普通老百姓。作为一名党员，必须认真履行党章规定的党员基本义务，充分发挥先锋模范作用。同时又要保持普通劳动者的

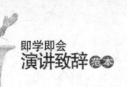

本色,不能脱离群众,不能凌驾于群众之上,更不能把服务于人民的机会当成谋取私利的机会。

5.通过学习,大家找到了自己今后要努力的方向,认识到争取入党最终要落实到学习中,体现在各个方面。不仅要认真学习党的基本理论,提高思想政治素质和党性修养,更要学好专业知识,拥有为人民服务、报效祖国的本领;不仅要努力刻苦锻炼,拥有强健的体魄,更要勤于实践,踏实为人民服务。

新时期发展党员工作重在质量。对入党积极分子,考验时间的长短,以是否具备了入党条件为准。申请入党,不能只停留在口头上,必须以实际行动向组织和群众展示一名入党积极分子的风采,让党组织考察你是否在思想上和行动上都达到了党员的条件。应该把为人民服务的热情同实事求是的态度统一起来,从自己身边的小事做起,扎扎实实地完成好组织上交给的教学、科研、管理工作,在群众中起好模范带头作用,通过努力,争取早日加入党组织。

我们这期党校××名学员经过培训、考核,初步统计有××名同学培训合格,取得结业证书。有少数学员因缺席较多等原因,没能达到培训提高的目的,不能结业。

二、提出几点希望和要求

1.希望大家面向新世纪,肩负起时代赋予的崇高责任,承前启后,继往开来,把党的伟大事业发扬光大。

大家知道,在新的世纪里,我们将沿着建设中国特色社会主义道路,全面建设小康社会,实现第三步战略目标,到本世纪中叶,基本实现现代化,建成富强、民主、文明的社会主义现代化国家。实现这个宏伟目标,不仅需要现阶段全国人民的共同努力,更要靠我们年轻一代能够健康成长,担当起时代赋予我们的崇高责任。

当前,国际社会正在发生深刻的变化,世界多极化和经济全球化趋势进一步发展,科学技术突飞猛进,知识经济初见端倪,综合国力竞争日趋激烈。因此,我们要不断提高综合国力。所有积极要求入党的年轻知识分子,一定要深刻认识我国的基本国情,继承和发扬党的艰苦奋斗的优良传统,增强历史责任感和使命感,任何时候都不懈怠创业精神,都不涣散奋斗意志,积极创造出无愧于时代和人民的业绩。

2.希望大家要以本次培训为新起点,不断加强自己的党性修养,努力从思想上向党组织靠拢。

伟大的马克思主义者刘少奇同志的《论共产党员的修养》一书,是"培养合格的成熟的共产党员的教科书",我们应该好好读一读。实践证明,在今天实行改革开放,建立和发展社会主义市场经济的条件下,共产党员的自我修养,不仅需要,而且更加迫切;不仅不能放松,而且需要进一步加强。要保持无产阶级先锋战士的本色,唯一的途径就是加强自身的政治、理论和思想、工作作风等各方面的修养。

我们看到,进入新时期以来,许多党员、干部之所以能够不为物欲所动,廉洁奉公,在改革开放和社会主义现代化建设中建功立业,数十年如一日艰苦奋斗,无私奉献,成为共产党员的楷模,受到人民的爱戴,为党旗增添光彩,无一不是长期坚持刻苦修养的结果;而那些走上腐化堕落道路、成为历史的罪人、为党和人民所唾弃的党员、干部,又无一不是长期放松修养、放松世界观改造的结果。

在新的历史条件下,共产党员修养的根本途径仍然是学习和实践,特别要注意这几个方面:坚持理论联系实际,把理论学习同思想意识修养和世界观改造紧密结合起来;学习历史,从中华民族优良传统文化中吸收营养;坚持运用批评与自我批评的武器;重大节,也要注意小节,防微杜渐。

党校培训的时间是短暂的,学习内容很有限,但这是一个新的起点。希望大家今后要善于养成良好的学习和思考习惯,以"三个代表"重要思想为指导,在学习中不断完善和提高自己;在思考中正确把握好方向,坚定对党的信念。

3.希望大家时刻牢记党的宗旨,在各自工作岗位上努力工作,求实创新,为把我校建成国际知名、国内一流大学而奋斗。

近年来，随着我校改革与发展的不断深入，学校的办学质量进一步提高，在教学、科研方面，在建设优良校风、学风等方面都取得了令人鼓舞的成绩。全校师生正以求实创新的精神努力工作和学习，为把××大学建设成国际知名、国内一流的高水平大学而奋斗。从当前国内的形势看，随着改革开放的不断深入，西部大开发已全面铺开，面对这历史性机遇，我们应该怎么做呢？

众所周知，西部大开发科教要先行。××大学是我国西部地区最著名的高校之一，在这次大开发中，理所当然应该充分发挥自身优势，为大开发提供强有力的科技、人才支撑；我们高校师生，不管是共产党员还是入党积极分子，也都应该积极投身于这次大开发的洪流之中，努力用自己的实际行动和聪明才智服务于大开发。

同学们，学校的改革与发展为大家提供了更好的工作、学习条件，西部大开发又为我们提供了施展才能的广阔天地，但是大学生的主要任务是学习，具有较高的业务知识水平，是更好地实践党的宗旨的客观要求，同时也是共产党员先进性的一种表现。学校党委希望你们在教学、科研和管理等方面，从我做起，从现在做起，为实现我们共同的理想扎扎实实地努力工作和学习。

4.希望大家不断提高自身能力，严格要求自己，正确对待党组织的考验。

有的同志认为，参加了党校就等于可以很快入党了。其实，能不能入党，关键是在工作、学习中能否起到先锋模范作用。希望你们今后要结合自身实际，对照党员条件，从严要求自己，努力全面发展。思想上高标准、高起点、高要求，行动上脚踏实地一步一个脚印，以自己的实际行动，争取早日加入党组织。我相信，经过努力，今天在座的许多同志能够很快达到党员条件。当然，也会有部分同志在短期内不能入党，但不要气馁，更不要动摇或怨天尤人，应该从自身找差距，向先进同志学习，争取尽快达到党员条件。

同志们，在新世纪，历史给了我们机遇和挑战，让我们做好准备去拼搏吧！祝愿大家在为祖国作贡献，为人民服务，为学校争光的过程中早日加入中国共产党！

谢谢大家！

第三节　捐赠仪式演讲致辞

——⊰ 撰写要领 ⊱——

一、捐赠仪式演讲稿的概述

捐赠仪式演讲稿，是指在各种捐赠场合的讲话稿。

二、捐赠仪式演讲稿的写作要领

捐赠活动，属于公益慈善活动的一种。因此，捐赠仪式的演讲稿，在内容和语言上一定要具有同情性、关爱性、期望性和祝福性。

——⊰ 范文经典 ⊱——

范例 ① 在关爱贫困学子捐赠仪式上的致辞

在××市非公有制企业关爱贫困学子捐赠仪式上的致辞

市委副书记×××

同志们、企业家朋友们、亲爱的同学们：

今天，我们举行××市非公有制企业关爱贫困学子捐赠仪式。由于我市非公有制企业厂长、经理的爱心资助，我市一批因为贫困可能失学的同学得到了重返校园的机会，他们又能坐在课堂攀登知识的高峰，挑战贫困，改变命运。此情此景，令我心里十分感动。在此，我代表中共××市委、市政府向发出

《倡议》并积极捐助贫困学子的非公有制企业厂长、经理表示由衷的敬意,向受助同学表示祝贺!

各位厂长的光彩义举,体现了我们中华民族扶贫济困的传统美德;代表了我市非公经济人士坚定不移跟着中国共产党,争做优秀中国特色社会主义事业建设者的决心和强烈的社会责任感;让我们看到了非公经济人士德行并重,回报社会,关爱民众,自觉承担社会责任,为构建社会主义和谐社会的高尚品格。同时,受助同学的发言也让我感受到爱的力量和传播的力量。企业家朋友们捐助的可能只是所在企业的一点绵薄之力,但是你们的行为却有可能由此改变一个学生一生的命运。为此,我为你们感到骄傲和光荣,希望你们继续关注这批受助同学的将来,关注××的未来,为全市教育事业发展作出更大贡献。

近年来,我市非公有制经济人士积极参与光彩事业,努力把自身企业的发展与××的发展结合起来,积极投资××水电、旅游、城市建设和绿色食品等的开发,把个人富裕与全市人民的共同富裕结合起来。致富不忘国家,致富不忘社会,向全市非公有制企业发出了《让我们积极投身到扶贫济困的光彩事业中来的倡议书》,全市非公有制企业厂长、经理积极响应,仅今年上半年,就为修建××××纪念广场和资助贫困大、中、小学生捐资××万元,为下岗职工提供就业岗位××个。

希望我市广大非公经济人士,要继续积极主动地投身到扶贫济困、实现共同富裕的光彩事业中来,为构建和谐××作出更大的贡献。各位厂长、经理要牢固树立和落实科学发展观,把企业自身发展放在全市发展的大局中去谋划,放在全面建设小康××的伟大实践中去推进,把个人的奋斗融入全市××万各族人民的奋斗之中。

希望同学们和受捐助的学子,不要辜负党和人民的希望,不要辜负社会各界的关怀,坚定信心,热爱生活,勤奋学习,奋发有为,成为国家、人民的有用之才,成为建设小康社会、和谐社会的栋梁之才,为祖国的富强、民族的振兴多作贡献。

范例 2　助学基金捐赠仪式上的致辞

在××助学基金捐赠仪式上的致辞

×××

尊敬的×××副主任、×××副省长、×××副主席，各位领导、各位来宾、同学们：

在这春光明媚、万象更新的美好时节，我们在这里举行"××助学基金"捐赠仪式。这是××银行业关爱贫困学生、兴助慈善事业、回报社会支持的一项重要活动，是贯彻落实党中央提出的"以人为本、创建社会主义和谐社会"的重要举措。

教育事关民族的兴衰，是民族昌盛的基础。然而，由于经济方面的原因，让一部分有志青年难以完成学业，我们有义务尽自己的微薄之力帮助他们，为培养祖国未来的建设者贡献力量。捐资助学是一项功在当代、利在千秋的崇高事业。这次银行业协会倡导的"××助学基金"捐赠活动，就是为了帮助贫困大学生早日完成学业、报效祖国。这次活动得到了全省银行业金融机构广大员工的积极响应，每一位职工都献出了他们的爱心，展示了全省银行员工帮困助学、支持慈善事业的高尚情操。

金融是经济的核心，银行业是金融的主体。近几年来，××省银行业抓住重要的战略机遇期，深化改革、加快发展，取得了令人瞩目的业绩，为××省的经济作出了重要贡献。目前，全省××多家银行机构每年为社会经济发展提供近××亿的资金信用，提供××多种金融产品；××个营业网点和××万银行职员每天为全省人民和企业界提供快捷、便利的金融服务。××省银行业在加快发展的同时，也不忘回馈社会。按照省委、省政府的要求，积极开展慈善活动，大力弘扬中华民族扶危济困的传统美德，树立了良好的行业形象。这次"××助学基金"捐赠活动，成为"银行人"实践自己诺言的又一次实际行动。银行

员工捐赠的不仅是一笔财富,更是一颗爱心、一份祝愿,祝愿每一位受助学生都能顺利完成学业,祝愿祖国的明天更美好。

今后,我们将在省委、省政府的领导下,遵照××省慈善总会的章程,开展多种形式的慈善活动,扶助更多的贫困学生完成学业,促进公共福利事业的健康发展,为建设"大而强,富而美"的新××,为建设社会主义和谐社会作出积极的贡献。

最后,祝××省慈善事业和各类助学活动越办越好。希望全体大学生们树立远大理想,以困苦磨炼意志,化感激之情为奋发之源,努力学习,早日成才,为我们伟大祖国的繁荣昌盛奉献力量。

谢谢大家!

范例 3 在校庆捐赠仪式上的致辞

在校庆捐赠校园网络设备仪式上的致辞

尊敬的×××先生、×××校长、各位老师、××中学的同学们:

大家好!

今天,是我离开××中学的第××个年头,也是我第一次站在母校的校园,代表××公司向××中学——我的母校,捐建××中学校园网等一揽子设施。此刻,作为××公司的代表,××中学的一位校友,我的心情非常激动。

××公司素有"崇尚知识,尊重人才,支持教育"的传统。它是一个包含移动、网络、电讯等业务的国家骨干电讯企业,在社会各界的大力支持下,××公司取得了迅猛的发展。我们深深地感到,企业的发展离不开高素质的人才,只有教育才能为企业的持续发展源源不断地提供人才。××公司积极响应"科教兴国"的战略,为教育的发展贡献自己的力量。我们捐建的校园网等设施价值××万元,它将为××中学的教育教学起到有力的软硬件支持,为××中学的品位提升起到有力的推动作用。

"再穷也不能穷教育"，××公司人对教育事业非常关注。××中学是一所享誉××的名校，作为在这块沃土成长起来的一名校友，我向培养我成长以及现在此工作的老师们表示深深的敬意，我为曾经在这里求学感到自豪。我希望各位在此求学的学弟学妹们，要珍惜青春年华，笃行致强，发奋有为，报效祖国。

我们已走入知识经济的时代，未来的竞争是高新技术的竞争，更是高素质人才的竞争。积极发展教育事业，是中国未来科技创新、取胜新世纪的正确途径。因此，我们呼吁更多像我们这样的公司和社会各界共同来多行善举，关注教育。

谢谢大家！

范例 4　在"希望工程"爱心助学捐赠仪式上的致辞

在××镇××小学爱心助学捐赠仪式上的致辞

团市委书记×××

尊敬的各位领导、各位老师、亲爱的少先队员小朋友们：

今天，我们冒雪来到××县××镇为××小学送来希望工程的一片爱心。首先，对长期以来支持和关注我们希望工程事业的各级领导和社会各界人士表示衷心的感谢！

××的希望工程事业自××××年实施以来，至今已有××年的时间。这××年里，对团市委、对××的希望工程工作者来说，既有欣慰又有遗憾。这××年，××的希望工程事业由团市委发起，在社会上引起了广泛的反响，也取得了很不错的成绩，我们这××年共建设希望小学××所，建设希望书屋××个，动员社会各界力量为农村、穷困地区的孩子，为城区特困下岗职工的孩子捐物、捐资

共计××余万元,救助贫困家庭子女××多名。看到这些成绩,我们希望工程工作者和共青团工作者感到非常欣慰。但是,也有一些让我们感到遗憾的地方,我们做的这些工作按照党和政府的要求,按照各级领导的期望,按照失学孩子的需求还有一定的距离。还有一些孩子依然面临着失学,还有一些农民工的子女需要救助,还有城市特困的下岗职工的子女依然需要帮助。这些问题说明,我们的工作任重而道远,这也将是我们下一步工作的动力,我们共青团组织、希望工程工作者要本着为党和政府分忧,为百姓解愁的原则,把这件好事做好、做实,以求真务实的精神贴近百姓,贴近这些贫困家庭的需要,真正使边远地区、贫困地区的家庭和孩子得到救助。

最后,祝愿××镇的各位少先队员、受救助的家庭的孩子不辜负党和政府的希望,不辜负社会各界的爱心,努力学习,早日成才,报效祖国,为把××建设得更加美好贡献我们的力量。

第四节 揭牌、授牌、挂牌仪式演讲致辞

撰写要领

揭牌仪式演讲稿，是指在各个部门、企业、机构成立揭牌仪式完成后的演讲稿或致辞稿，这类演讲稿要求与所参加的活动相呼应，并对揭牌仪式表示祝贺。因此，演讲稿要措辞热情洋溢，语言激情澎湃。

授牌、挂牌仪式演讲稿是指对部门机构成立及工作成绩优秀表彰仪式上的讲话稿。这类演讲稿要求具有严谨的内容，严密的语言逻辑，鲜明的结构以及庆祝之词。

范文经典

范例 1 揭牌仪式致辞

在××省××建设集团揭牌仪式上的欢迎词

尊敬的各位领导、各位来宾、女士们、先生们、朋友们：

下午好！

物竞天择，天道酬勤。走过半个多世纪的风雨历程，历经十余年的改革、改组、改制阵痛，20××年×月×日，我们迎来了"××省××建设集团"的正式成

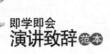
立。首先,请允许我代表集团××名干部职工,向你们的到来表示最热烈的欢迎和最诚挚的谢意!此时此刻,我们心里有一句话,那就是××集团的诞生,凝聚着你们的期望、智慧和辛劳!集团的诞生,也承载着你们的信心、光荣与骄傲!

一、诞生于新世纪初的××省××建设集团,由×家具有独立法人资格的企业组成(企业基本情况,略)。

二、诞生于新世纪初的××省××建设集团,承继了企业五十多年的历史,也承继了企业五十多年的辉煌与荣耀:

1.以夺得中国建筑质量最高奖"鲁班奖"、荣获"全国用户满意建筑工程"称号的××新客站为代表,先后创出国家、省、市优质工程××余项。

2.以捧回全国建筑安全最高奖"长安杯"、荣获首批国家级文明工地的××××广场为代表,先后创出国家、省、市文明施工安全生产标准化样板工地××余项。

3.以荣膺全国建筑业新技术应用示范工程金牌奖的××铁路新客站为代表,先后有××多项科技成果受到国家和省、市的表彰。

4.以涌现全国劳动模范×××、全国优秀建筑企业家×××等一大批先进典型为例证,企业成为培育"四有"职工的摇篮,企业因此拥有一支高素质的干部职工队伍。

5.以建立现代企业制度为方向,在××省属国有建筑施工企业中首家成功改制为多元投资主体的有限责任公司。

当然,承继历史不是占有历史,而是站在历史的起点上,更好地开创未来,就像集团一成立,不是一项事业的结束,而只是拉开了一页全新事业的序幕。因此,延续并超越企业历史的辉煌与荣耀,建设我们更加美丽的祖国和家乡,当是全体××人走向更加光明的所在,当是集团崇高的最大目标与终极目标,也当是我们今日之××众志成城的坚强决心与义不容辞的光荣职责。

为此,我们将继续奉行"为民奉献"的理念,绝不会弃置社会责任于不顾;我们将秉承前辈的勤勉精神与严谨作风,绝不会有丝毫的懈怠;我们将恪尽职守,通力合作,不负各位的信任、关怀与期望;我们将以市场为导向,以集团成立为契机,进一步转换机制,强化管理,大力实施科技创新、精品名牌和人才培育三大战略,以不断提升集团的核心竞争力与赢利能力。总之,无论前面是坦途还是险滩,我们都将继往开来奋勇前行。

最后,再一次欢迎并感谢各位的到来!

范例 ②　重要建筑揭幕仪式致辞

在××县革命烈士纪念碑揭幕仪式上的讲话

尊敬的各位领导、各位烈士家属代表及青年朋友们:

今天,××县委、县政府在这里隆重举行革命烈士纪念碑揭幕仪式,缅怀先烈、展望未来,我们心潮澎湃、思绪万千。首先,请允许我代表全县共青团员和广大青年,向××位革命烈士以及革命烈士的家属致以崇高的敬意;向县委、县政府为告慰英灵、激励后人而建造这样一个爱国主义教育基地表示深深的谢意!

忆往昔峥嵘岁月稠。中华人民共和国建国××年,是我们的国家取得辉煌成就的××年,也是在曲折中艰苦探索的××年,更是走向繁荣富强的××年。建国初期,在军事上,国民党的百万军队在西南、华南和沿海岛屿负隅顽抗;在解放区,国民党大批残余势力同恶霸土匪勾结袭扰新生的人民政权;在国际上,帝国主义势力对新中国进行政治上的孤立,经济上的封锁,军事上的包围。而××年后的今天,我们的国家政权巩固,社会稳定,国民经济持续快速健康发展,社会生产力、综合国力和人民生活水平显著提高,人民安居乐业。我国同世界绝大多数国家建立和发展了友好关系,国际影响日益扩大,国际地位不断提高。

然而,我们不能忘记,国家的富强,人民的安康,是无数革命先烈抛头

颅、洒热血换来的。我们不能忘记,××县改革开放以来发生的巨大变化,××米大道像一条彩带横贯县城,结束了快车难过××关的历史。街道整洁了,县城漂亮了。××国际花卉节××花卉展销会的成功举办更为××县增添了许多光彩。我们将永远铭记,那些不畏艰险、不怕牺牲、勇于奉献的仁人志士,我们将永远怀念那些百折不挠、前仆后继、英勇牺牲的革命烈士们。

安息吧,革命烈士们,你们是××人民的骄傲,你们是我们的楷模和榜样,你们的英雄气概与天地共存,与日月同在。

尊敬的各位领导,请你们放心,我们广大青年团员会在县委的领导下,开拓进取、求实创新、乐于奉献,展时代青春风采,树××青年形象,为××县社会、经济的发展,贡献出我们的青春和力量!

谢谢大家!

范例 3 在"价格诚信单位"授牌仪式上的致辞

在××市首批"价格诚信单位"授牌仪式上的致辞
副市长×××

今天获得表彰的×家市级价格诚信单位,是在各部门、各单位的高度重视和物价部门的精心组织下,经过多方面的共同努力而产生的,他们是我市各行业中诚实守信的先进代表,也是模范执行价格法律法规政策的先进典型。下面,我就如何进一步做好"价格诚信在××"主题活动,讲三点意见:

一、要不断提高对开展"价格诚信在××"主题活动重要性的认识

做好价格诚信工作,是加强社会信用体系建设的一个重要组成部分,是完善社会主义市场经济体制的一项重要内容,也是全社会义不容辞的责任。经过一段时期的价格诚信体系建设,我市的经济发展环境得到了进一步改善。但是,我们还应当看到,价格欺诈、牟取暴利、行业乱收费等现象仍然时有发生,这些做法严重损害了我市的形象,影响了我市的经济发展环境。因此,我们要把构建价格信用体系作为当务之急,在更高层次、更新平台上建设诚信××,塑造××文明城市新形象,努力营造良好的投资环境,促进经济社会更快更好地发展。各地、各部门、各单位要充分认识做好价格诚信工作的重要意义,扎扎实实地推进全市价格诚信体系的建设。

二、要继续加大"价格诚信在××"主题活动的力度

价格诚信体系建设是一项长期的任务。全市各相关单位要在前一阶段取得成绩的基础上,进一步查找差距,加大力度,开拓创新,努力把"价格诚信在××"主题活动推向深入。要认真总结前一阶段价格诚信活动的经验,找出工作中的不足,不断完善价格诚信单位的评比标准,提高诚信单位的要求,组织开展新一轮的价格诚信单位的创建活动。今后的价格诚信活动要不断扩大范围,拓宽领域,延伸主题活动内容,以价格诚信活动为契机,促进全社会各项信用体系的建设。要进一步做好价格诚信活动的基础工作,规范价格管理是价格诚信活动的基础,也是价格诚信活动的根本目的。各级物价部门要完善明码标价和收费公示制度,努力提高明码标价和收费公示的覆盖率和准确度。进一步健全企事业单位物价员制度,增强企业价格自律能力。要切实加强对经营主体、收费单位和各类收费项目的监督和管理,努力在全社会形成价格诚信的良好风气。

三、要切实加强"价格诚信在××"主题活动的组织领导

全市各相关单位要高度重视,精心组织,扎实工作,确保"价格诚信在××"主题活动取得实实在在的效果。各级各部门要把价格诚信工作摆上重要位置,认真组织,精心部署,加大工作力度。要进一步完善本地推进价格诚信工作的方案,制定切实可行的工作措施,统筹兼顾,稳步推进。各级物价部门要把价格诚信作为价格工作的一件大事来抓,及时掌握价格诚信工作动态,指导和帮助基层的价格诚信工作,不断提高主题活动的质量。物价部门要主动争取价格诚信领导小组成员单位等相关部门和社会各界的配合,整合资源,形成合力,加快价格诚信工作进程。要结合价格行政执法工作,加大

价格法律法规政策的宣传力度,加强企事业单位价格信用意识的教育培训。要积极宣传价格诚信单位评选活动,扩大社会影响,吸引更多的企事业单位参与。要注重发挥新闻媒体的作用,大力宣传价格诚信的先进典型,提高它们的知名度,同时对不讲诚信的单位进行公开曝光,不断提高全社会的信用程度。

范例 4　在"共铸诚信"挂牌仪式上的致辞

在××区"共铸诚信创建'诚信工商'"挂牌仪式上的致辞

主任×××

同志们:

大家好!今天我和×××副区长一起参加在这里举行的××市工商行政管理局××分局××工商所创建"服务诚信窗口"挂牌仪式。

为更好地贯彻落实党的十六大提出的构建社会主义和谐社会的要求,切实贯彻××迎××文明行动计划,今年我们××区结合保持共产党员先进性教育活动,开展"蒲公英——共铸诚信,让窗口更明亮"行动。我们就是要通过这个行动,打造一批服务诚信"品牌",建设一支诚信公务员队伍,努力构建"诚信××"的良好氛围。

同志们,当前××区正处在经济跨越发展的关键时期,开展"诚信××"建设,对打造"知识××"形象、推动××知识创新区建设、实现我区经济跨越式发展、增强我区综合竞争力、维护人民群众根本利益都有着非常重要的意义。我们要通过此次创建活动,在全区形成一批深受群众认可的诚信"品牌",在全区营造"说诚信话、办诚信事、做诚信人"的浓厚氛围。以此来推动××新一轮建设和文明城区创建的不断深化。

为更好开展"共铸诚信,让窗口更明亮"行动,我提三点希望:

一是希望同志们要进一步树立党员形象,打造"诚信工商",认真履行好工商职责,成为市场监管和行政执法的主力军;二是希望同志们要诚信执法、诚信办事、诚信服务,努力为××营造公平有序的市场竞争环境,促进××经济快速健康的发展;三是规范服务窗口办事程序、工作流程,认真执行政务公开,努力为××的人民群众提供方便、快捷、公平、公正的服务。

我们相信,工商××分局全体干部在开展"蒲公英——共铸诚信,让窗口更明亮"活动中一定会以昂扬的精神面貌,全身心投入到这次服务诚信窗明建设活动中,为实现"诚信××"目标,打造"诚信工商"形象,构建××和谐社会作出自己的贡献!

谢谢大家!

第五节　奠基、剪彩、开盘仪式演讲致辞

❧ 撰写要领 ❧

奠基仪式演讲稿,是指工程开工、大型项目建设以及主题活动奠基仪式上的讲话稿。这类演讲稿在撰写时,要有针对性强的特点;层次分明,结构严谨;语言尽量简洁明快,言辞热烈、充满感情,具有鼓动性和号召性。

剪彩仪式,是指商界的有关单位,为了庆祝公司的成立、公司的周年庆典、企业的开工、宾馆的落成、商店的开张、银行的开业、大型建筑物的启用、道路或航道的开通、展销会或展览会的开幕等等而举行的一项隆重性的礼仪性程序。

开盘仪式,是指楼盘建设中取得了"销售许可证",可以合法对外宣传预销售了,为正式推向市场所进行的一个盛大的活动,就像某酒店开张营业了一样。

———❧ **范文经典** ❧———

范例① **开工奠基仪式上的致辞**

在××水库开工奠基仪式上的讲话

××省委常委、常务副省长×××

（20××年×月×日）

各位领导、各位来宾、同志们：

今天，××水库正式奠基开工。在此，我代表省委、省政府向长期以来关心支持我省水利事业发展，特别是××水库建设的各位领导、各位来宾和朋友们表示衷心的感谢！向长期奋战在水利工程一线的广大水利干部职工表示亲切的问候！

××水库工程是我省在××兴建的一座开发利用边界水资源的大型控制性骨干工程，具有城市生活和工业供水、农村饮水以及防洪、发电等综合利用功能。××水库的兴建，将为××市及至全省经济社会的可持续发展，为我省新型能源和工业基地建设提供强有力的水资源保障。

百年大计，质量为本。水利工程的质量，不仅关系到工程投资效益的发挥，更关系到人民群众生命财产的安全，责任重于泰山。××公司要以高度负责的精神、求真务实的作风和只争朝夕的干劲，保质量、保工期、保概算、保安全，努力把××水库建成一流的精品工程。要适应市场经济要求，及早筹划工程的运营管理，积极开拓供水市场，确保工程最大限度地发挥效益。省水利厅要抓好工程设计、施工、监理、质检、移民、管理等各项工作，精心组织，科学安排，周密部署，努力实现"资金安全、工程安全、质量优良、干部优秀"的整体目标。省直各有关厅局和××城、××市政府要从大局出发，各司其职、

各负其责、密切配合,共同为工程建设创造一个良好的环境。

我省是全国水资源十分紧缺的省份之一,缺水已经严重制约着全省社会经济的可持续发展。我们要坚持以人为本,坚持以科学发展观为指导,统筹开源与节流、统筹大中小型工程建设、统筹城乡水利发展,努力实现水资源的合理高效和可持续利用,为全省经济社会可持续发展和全面建设小康社会作出新贡献。

谢谢大家!

范例② 市场奠基仪式上的致辞

市领导在××市场奠基仪式上的讲话

×××

（20××年×月×日）

各位领导、各位来宾、同志们、朋友们:

今天,通过××县委、县政府、××副县长及××市委、市政府、×××商城有限公司、××××公司的共同努力,××市场正式开工了。××市场的建立,不仅是××城的一件喜事,也是××市的一件大事,更是全市经济发展的一件盛事。在此,我代表市委、市政府及我本人,向××市场的开工奠基表示热烈的祝贺!向不顾炎热、不辞辛苦、莅临指导的各位领导、各位来宾、新闻界的朋友们表示热烈的欢迎!向关心、支持、帮助××市场建设的社会各界表示衷心的感谢!

市场拉动经济发展,市场带动城市繁荣。××市场的建立,是××县委、县政府审时度势、不断创新的一项重大举措,是××县委、县政府坚持以"××"兴县、以××富县的一项重大实践,更是××副县长对××乃至对全市的一项重大贡献。××市场的建立,标志着××市场建设进入了一个崭新的发展阶段,在全市带了一个好头,将成为全市市场建设的闪光点,将影响和带动全市及周边县区的商贸繁荣和经济发展。

××市场的动作,得到了社会各界的广泛关注和支持。

1.得益于××副县长的倾力投入。自××副县长到××上任以来,招商引资硕果累累。特别是,××副县长把××当做自己的家,倾情付出,倾力投入,跑项目,跑资金,引技术,引人才,为××及全市的招商引资及全市的经济发展作出了突出贡献。

2.得益于××市、市政府及××城的通力合作。大市场建设项目,从立项洽商之初,就得到了××市委、市政府的高度重视,得到了××城的全方位支持。今天,××市场开工奠基,是两地通力合作的结果,也是两地友好合作的开始。我们真诚地希望××各方继续驻足××,为我市培育新的经济增长点献计献策,共谱合作篇章,共续合作佳话。

3.得益于社会各界的鼎力相助。目前,大市场已经开工建设。今后,××市场的繁荣、兴旺和发展仍需要××全县上下和社会各界的全力支持,全力相助。希望大家都要积极为××市场的兴盛,贡献一份才智,贡献一份力量;都要积极为××市场的兴盛,创造宽松环境,营造良好氛围,促进××市场红火兴旺,促进××市场早日崛起。

××市场在××落户,这在全市乃至全省还是第一家。××市场建设的繁荣,不仅会促进××未来的发展,也将拉动全市的经济增长,具有重大的战略意义。因此,××县委、县政府一定要建好××市场,培育××市场,繁荣××市场,发展××市场。

第一,把××市场建成现代化园林式的产业城。××市场的建设,要充分吸收借鉴外地市场建设的先进经验,坚持高标准规划,高起点设计,高标准建设,高质量管理,把××市场建设成为××县的标志性建筑,建设成为集商品展示、市场交易、电子商务、物流配送、加工生产、生活配套、教育培训、高新技术孵化于一体的现代化园林产业城。

第二,把××市场建成真正意义的特区。要大力培育市场,要为××市场的繁荣兴旺提供优惠政策,提供优质服务,创造优越环境,营造良好氛围,增

强××市场的吸纳力、竞争力、辐射力、增强××市场的发展商机和发展潜力，从而形成"千红万紫进军来"的效果。

第三，把××市场建成全市乃至全省的物流配送中心。物流是市场发展的关键，也是提高市场竞争力的核心所在。希望××县委、县政府要注重提高大市场的物流水平，广纳四方客商，广辟流通渠道，广开经商之路，力争把××市场建成全县乃至全省一流的商品展示中心、交易中心、技术创新中心和物流配送心，实现××市场的全面繁荣和全面发展，实现××经济的早日崛起和腾飞。

最后，祝××市场建设顺利进行！祝××市场繁荣发展、一日千里！

祝与会人员身体健康，心情愉快！

谢谢！

范例③ 在调整公路工程奠基仪式上的致辞

在亚行贷款××公路建设项目
××高速公路工程奠基仪式上的致辞

省委常委、常务副省长×××

今天，我们在这里隆重举行亚洲开发银行贷款××公路建设项目××高速公路奠基仪式。××高速公路的开工奠基，凝聚了各级党委、政府和交通部门的心血和汗水。在此，我代表省委、省政府，对××高速公路项目的奠基表示热烈的祝贺！向支持××项目开工奠基的沿线群众表示衷心的感谢！向省里各有关部门和××交通系统广大干部职工及参与工程建设、设计、施工、监理的广大公路建设者们表示诚挚的慰问！

××高速公路的开工奠基，是全省经济建设和社会生活中的一件大事，也是全省各级政府、各有关部门贯彻省委×届×次全会精神，把"发展抓项目"落到实处的具体体现。××高速公路是××省第一条利用亚洲开发银行贷款建设的公路项目，也是目前亚行资助中国最大的两个交通项目之一。该项目横穿××、××，在×、×、×省区的国家公路网中起着承东启西的作用，是西北地区公路交通运输及政治、经济、文化交流的重要通道。高质量、高标准、高水平地建好这条公路，对于进一步完善××地区干线公路运输网络结构，加快我省境内国道主干线的高速化，构筑我省连接东西的公路主骨架，优化投资环境，促进××、××、××三个省的经济社会发展和相互交流，都具有十分重要的意义。

近年来，我省各级政府高举"发展抓项目"的旗帜，抢抓西部大开发的历史机遇，多方面积极筹措资金，加快交通基础设施建设步伐，交通发展取得了令人瞩目的成就。××××年以来，全省交通基础设施建设累计完成投资××亿元，今年预计完成投资××亿元。全省新开工高等级公路××多公里，其中建成高等级公路××多公里，今年高速公路通车里程将突破××公里。交通事业的快速发展，为促进全省经济社会发展和改善人民群众生活水平作出了积极贡献。

"十一五"是我省经济社会发展的重要战略机遇期。加快交通基础设施建设，既是实施西部大开发战略的重点，也是加快××全面建设小康社会的迫切需要。全省交通部门要进一步解放思想，与时俱进，开拓创新，认真按照亚洲开发银行的相关规定做好项目管理和组织工作，严格执行招投标的各项规定，高度重视工程质量和建设安全，努力实现投资、进度、质量和安全控制目标。参与工程建设的单位要精心组织、周密部署，认真落实各项工程管理制度，努力提高工程建设水平，力争把××高速公路建设成为质量高、工期短、投资省、效益好的"希望之路、小康之路、腾飞之路"，为全省和地方经济发展提供良好的交通条件。各级政府、省直有关部门要积极配合、鼎力支持，积极主动地协调解决工程建设中遇到的困难和问题，为工程建设创造良好的外部环境，确保工程建设顺利进行。

最后，预祝××高速公路顺利开工建设，早日建成通车。

范例④ 在展览馆开馆剪彩仪式上的致辞

在校庆展览馆开馆剪彩仪式上的致辞

xxxx大学副书记xxx

各位领导、各位来宾,老师们、同学们:

值此xxxx大学诞辰xx周年之际,校庆展览馆正式开馆了。在这里,我谨代表学校党政,向出席开馆剪彩仪式的各位领导和来宾表示诚挚的欢迎和衷心的感谢!

人们珍藏过去的历史,是为了把它交付给未来;人们架设今天的桥梁,是为了走上明天的道路。不懂历史的人,永远不能成熟。对于已经走过了整整xx个春秋的xxxx大学来说,如何让人们了解她崎岖而又顽强奋斗的厚重历史,如何厘清学校百十年的发展脉络和基本轨迹,一直是我们内心的期盼。

历史是一面镜子,它是由经验和教训串起来的;历史又像一个性格内向的人,很少流露自己的真实情感,我们只有努力挖掘,认真汲取历史的经验和教训,才有对现实的深思,也才有对现实的剖析,以及对未来的探索。

今天开馆的校庆校史及教学科研综合展览馆,正是本着"以史为鉴,开创未来"的精神呈现给大家的。人们在奋斗中书写着自己的历史,历史在前进中记录着人们的生活。我们有xx年的历史,我们有太多的东西要展示,有太多的话要说,但由于时间的原因及能力所限,在短短的时间和有限的空间中,我们说不完,也说不好。

饱经沧桑的历史让我们无限感叹。这次校庆展览馆分为三个部分:xxx纪念馆,详细介绍了xx生平事迹;xx综合展览馆,浓缩学校xx年来的风雨历程,反映了我校长期以来的办学成果;xxx展览馆,以艺术的形式再现学校光辉业绩。这三个展览力求体现的主题,就是以爱国主义为核心的"竣实扬华、

"自强不息"的精神。

我们感谢展览组全体人员的辛勤劳动!

我们期盼校友和挚友以及师生员工为展览提出宝贵的意见和建议!

我们衷心祝愿母校明天更加美好!

谢谢大家!

范 例 5　在工程建成投用剪彩仪式上的致辞

在工程建成投用剪彩仪式上的致辞

副局长×××

各位来宾,同志们、朋友们:

　　××市医疗废物无害化处置中心的建成,是××市人民政府为全市人民办的一件好事,是确保××市环境安全的一件大事,是××市各有关部门共同努力的结果。我代表××省环境保护局向××市有关部门和单位、××固废处置有限公司表示热烈的祝贺。

　　实行医疗废物集中处置,中华人民共和国《固废法》和国务院《医疗废物管理条例》都有明确的规定,《固废法》要求城市人民政府组织建设危险废物集中处置设施。国务院《关于全国危险废物和医疗废物处置设施建设规划》和国家环保总局《医疗废物集中处置技术规范》中对处置厂的建设数量、处置技术都有明确的要求。省政府对各地医疗废物集中处置设施的建设十分重视,特别是去年我国部分城市爆发"非典"疫情以后,省政府办公厅下发了《关于加快医疗废物集中处置设施建设的通知》,要求各市都要在去年年底建成医疗废物集中处置设施,并委托省局定期汇总上报各地的建设情况。××市委、市政府把医疗废物集中处置设施建设作为实践"三个代表"重要思想,树立和落实科学发展观,为群众办实事,确保全市环境安全的"民心工程"、

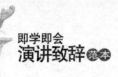

"示范工程"和"重点工程",按照国家的有关标准,精心组织施工,加快施工进度,确保施工质量,使这项民心工程建成并投入运行,使影响和危害全市人民健康的医疗废物得到了规范化的收集、无害化的处理,在全省带了个好头,为全市人民办了一件大好事。

医疗废物是危险废物的一种,对人民群众的生命健康有直接影响和危害,国家要求对危险废物实行特许经营,并按照规划和标准进行建设和经营。××市医疗废物无害化处置中心已获省局颁发的经营许可证,今后希望中心建成后,在申报登记的基础上,第一要加强管理。在全市建立完善的医疗废物收集体系,不仅把全市医院的医疗废物,还要将各县医院、乡镇卫生院、各社区诊所等分散的医疗废物收集起来,不留死角、不漏一户;逐步实行转移联单制,由专门的运输车辆运输,逐步建成全市监验体系。第二要确保运行。要严格按照标准规范运行,建立严格的规章制度和责任制,层层把关,做到无害化处理,严防二次污染,对焚烧残渣要做到安全填埋。第三要不断总结经验,提高管理运营水平。省局准备在适当时候在××召开现场工作会议,介绍并推广××市的先进经验,推动全省进一步做好医疗废物安全处置工作。

环境保护工作是以人为中心的、以实现人类的发展和社会全面进步为目的的学科发展观的具体体现。现代经济社会的发展,对环境的依赖越来越高。环境越好,对于生产要素的吸引力、凝聚力就越强。实现经济社会的宏伟目标,必须要有良好的投资环境作支撑,而环境质量则是投资环境的重要依据。因此,环境保护工作不是哪几个部门、哪几个人的事情,全社会都要予以重视并参与环境保护工作,要树立"保护环境就是保护人类自己"的思想。希望××市委、市政府及各有关部门,要进一步加强对医疗废物集中处置工作的领导;××公司和医疗废物处置中心,更要珍惜、爱护这项事业,一定要把"好事办好"。为消除医疗废物对环境的污染,保障人民身体健康,让我们全社会一起行动起来作出贡献,确保全省的环境安全,实施可持续发展。

谢谢大家!

范例 6　在楼盘开盘仪式上的致辞

在"××·国际"开盘仪式上的致辞

××公司总经理××××

各位来宾、各位朋友：

值此"××·国际"开盘之际，我谨代表项目的投资商——××房地产实业股份有限公司，对光临开盘仪式的××各大代理公司的领导，××各大新闻媒体的新老朋友，××房地产界各位同行、朋友以及与"××·国际"项目合作的各有关企业的领导的光临，表示由衷的感谢。

"××·国际"项目，是我公司继"××××"之后，推出的又一德国风格的、五A级智能化高端写字楼。××地产伴随着××房地产市场的发展已走过了十几年的开发历程，公司从创立伊始，树立了把品质放在项目开发首位的经营思路。坚持在房地产产品领域走"精品路线"的开发理念，我公司从××的××别墅积累了开发别墅项目的经验，从××公寓、××公寓积累了开发单体公寓的经验，从"××××"积累了开发高档社区的经验。精铸之道，风雨十年，我们通过不断摸索和奋斗，积累了宝贵的房地产开发的经验、沉淀了浓厚的企业文化，为介入××写字楼市场奠定了基础。一路走来，××人对自己的事业尽心尽责，对自己的客户视为上帝，心存敬意。

回顾公司十几年发展的历程，面对日益激烈的××房地产市场，我们深知任重而道远！××人坚信，只要正确地认识企业自身的优劣，准确地把握市场机遇，必能走出一条适合公司发展的生存之道！

写字楼作为地产市场的高端产品，技术含量高，资金需求量大，市场供过于求，开发风险远远大于住宅产品。××公司对此有充分的认识和思想准备并进行了深入的市场研究和分析。从20××年该项目立项以来，我们用了×年

多的时间进行前期技术准备,秉承××公司对品质追求的严谨的风格和执著的信念,我们重金聘请国际设计大师进行方案设计,重点研究了亚洲和国内写字楼市场,从××的 CBD、金融街到××新区,从日本的东京新宿新区到汉城的 CBD,以及香港的中环广场、太古广场,项目经理带领一班人马进行了×年多的市场调研,总结了几百栋写字楼的技术参数。我们确立的开发目标是力争向××市场推出一个具有鲜明的时代特征的、设计理念超前的、使其能够代表××国际化大都市形象的、有所创新的、品质完美的高端写字楼产品。这也是"××·国际"项目案名的由来。

各位来宾、各位朋友,××国际最终能否被市场认可和接受,还需要市场的检验。公司相信,有在座各位的帮助和倾力支持,又有积累了十几年建造经验的项目班底的团队协作,有知名的策划企业、代理行和建筑承包商的支持,我们对"××·国际"的明天充满信心。我们一定不辜负公司十几年积累下的新老客户对我们的厚爱,保证交出一份让朋友们满意的答卷!

再一次感谢各位的光临!

第六节　签约、宣誓仪式演讲致辞

❧ 撰写要领 ❧

签约、宣誓仪式演讲稿,是指在具有重要意义的活动以及重要的合作签约、宣誓仪式上的讲话稿。

在撰写此类演讲稿时,要注意讲话对象相对集中的特点,演讲稿的形式可以多样化,但内容一定要简洁,发言时间不宜过长。具体来讲,要因人制宜,因事制宜,避免出现拖延时间的现象。

❧ 范文经典 ❧

范例 1　在商业合作签约仪式上的致辞

在××煤业集团与××港务集团合作签约仪式上的致辞

市长×××

尊敬的各位领导、各位来宾,同志们、朋友们:

今天,××港务集团在这里隆重举行与××煤业集团增资扩股合作签约仪式,这是一件大喜事,标志着××和××友谊合作的开始。首先,我代表××市委、市政府表示热烈的祝贺,向专程前来参加仪式的各位领导、各位来宾表示热

烈的欢迎和衷心的感谢!

xx煤业集团是我国13个重点大型煤炭企业之一,拥有丰厚的煤炭资源和开发生产能力。xx煤业集团独具慧眼,斥资xx亿元,与xx港务集团合作建设港口,充分显示了集团领导班子的远见卓识和战略眼光。xx是xx经济区的中心城市,是全国重要的交通枢纽,在xx投资建设港口,不仅为xx煤业集团扩大沿海和xx地区市场打通一条便捷的通道,而且对提高和完善xx港务集团港口基础设施具有重要意义;同时,对于促进xx物流产业的发展、提升xx的战略地位将起到积极的促进作用。这次合作是成功的合作,是双赢的合作,必将对xx和xx的发展产生重大而深远的影响。

xx和xx是友好城市。xx市委、市政府将全力支持港口建设,提供最优质服务,落实最优惠政策,创造最优美环境,使双方的合作尽快结出丰硕的成果。xx港务集团要充分利用这次合作机会,把xx优质的煤炭引进xx,以港口建设为依托,建立大型煤炭销售基地;同时,要抓住机遇,强化管理,密切合作,努力把企业做大做强,为加快推进我市"两个率先"进程作出新的更大的贡献。

值新年来临之际,祝各位领导、各位来宾新年愉快,工作顺利,万事如意!

谢谢大家!

范例 ② 在捐赠物品签约仪式上的致辞

在xx药业有限公司向第x届中国艺术节捐赠签约仪式上的致辞

xxx

尊敬的xx药业有限公司总经理xx先生、副总经理xx先生,尊敬的xx科技实业股份有限公司总经理xxx先生,各位来宾、各位朋友:

首先,请允许我代表第x届中国艺术节组委会向莅临xx药业有限公司向第×届中国艺术节捐款签约仪式的各位嘉宾以及新闻界的朋友们表示热烈的欢迎！

同志们、朋友们，众所周知，再过几天，经国务院批准，由中华人民共和国文化部主办，××省人民政府承办的第×届中国艺术节就要隆重开幕了。这届艺术节作为新世纪第×次国家艺术盛会，将集中展示新世纪初我国文化艺术事业的最高成就和最新成果。今天，我们在这里举行××药业有限公司向第×届中国艺术节捐款签约仪式暨新闻发布会，再次充分体现本届艺术节"艺术的盛会、人民的节日"的宗旨和"政府主导、市场运作、社会参与"的办节思路。

××药业作为××大学唯一的制药企业，依托××大学雄厚的人才优势、研发优势及医疗资源，已逐步打造成为一个以医药研发业、药品生产与营销、医疗服务网络产业为一体的药业集团，经营范围涉及：口服液、硬胶囊剂，第三类医用光学仪器及光学窥镜的制造，保健食品的生产、批发、零售，生物医药产品的研究、开发、服务等。××药业不仅以优质的产品和服务造福广大人民群众，为人民的身心健康作出了积极的贡献，同时也非常支持我省的文化事业建设。今天，在"×艺节"即将开幕之际，他们伸出了慷慨之手，向第×届中国艺术节捐赠价值××元的天然健康食品，表现出他们对办好"×艺节"极大的关注和热情，为打造"健康节庆"提供了富有价值的保障。他们的产品也被确定为"第×届中国艺术节指定天然健康食品"。

在此，我特别要提到的是，××药业向"×艺节"捐赠的××××活力精华素的原料全部来自××科技实业股份有限公司。因此，今天的捐赠，不仅是我省的教育战线、校办企业对文化事业的支持，也包含着××同胞支持我们此次艺术盛会的心意。众所周知，本届艺术节是"艺术的盛会、人民的节日"，而我省又在打造"平安××"，××药业的捐赠提示我们，"×艺节"不仅要办成"艺术的盛会"，更要创导一种"平安节庆"和"健康节庆"的理念。在此，我代表艺术节组委会以及全体工作人员，向××药业、××科技实业股份有限公司的领导和职工表示最诚挚的谢意！也希望在座的新闻媒体多多宣传这种善举，使得有更

多的企业家们能够关注和支持文化建设。同时,我们也郑重承诺,一定会按照国家的法律法规和"×艺节"的总体方案,认真用好这些捐赠物品,使它们真正造福于参加"×艺节"的八方来宾。

我们相信,在文化部、省委、省政府的领导下,依靠××人民和社会各界的热诚支持,我们一定能够把第×届中国艺术节办成人民满意的,充满平安、健康,有亮点、有新意、高水平的国家艺术盛会!

再次感谢××药业、××科技实业股份有限公司的大力支持!谢谢!

范例3 在爱心助学结对签约仪式上的致辞

在××市优秀受助学生表彰会暨爱心助学结对签约仪式上的致辞

团市委副书记×××

各位领导、同志们、同学们:

在六·一国际儿童节即将来临之际,团市委、市教育局、市少工委今天在这里隆举行"同在一片蓝天下"××市优秀受助学生表彰会暨爱心助学结对签约仪式。刚才××名品学兼优的优秀受助学生受到了表彰,各基层团组织还与××名同学签订了爱心助学协议书。在此,我代表团市委向受表彰的同学表示热烈的祝贺,同时也向所有参加今天活动的少年儿童朋友们致以节日的问候。

关心、爱护广大贫困学生需要全社会的大力支持。从××××年开始,团市委在全市开展了爱心助学行动。××年来,全市各级团组织、广大团员青年积极响应团市委号召,通过"一助一"结对,爱心助学基金结对和联合其他组织共同结对等多种途径;捐款、捐物、帮助家教、定期慰问送温暖等多种方式,纷纷献上自己的一片爱心。××年来,我市爱心助学活动从无到有,从小到大,管理不断规范,规模不断扩大,呈现出良好的发展势头。

一、活动面不断拓展

目前,我市通过各级团组织、青年文明号集体和团员青年个人结对的贫困学生已达××余对。全市部分镇、街道团委和学校团组织也都建立了爱心助学基金,通过"缴纳特殊团费"、"五分钱基金"等各种活动方式开展募捐活动,多渠道筹措资金,切切实实为贫困学生解决实际困难。

二、活动管理日趋规范

为了进一步加强对爱心助学活动的管理,确保活动健康有序的发展,团市委专门制定出台了《××市爱心助学管理办法》,全市各级团组织严格按照管理办法有关规定,开展爱心助学活动,绝大部分的团组织都与结对的学生签订了爱心助学结对书,明确了双方的权利义务。制定了青年文明号助学活动结对制度,要求各级青年文明号集体至少要与一名贫困学生结对。同时团市委各级团组织在学年末都要对贫困学生的基本情况进行摸底和梳理,及时了解和掌握变动的情况,确定新学年受助学生的名单,并积极协调落实结对资助方。

三、活动内涵得到深化

各级团组织和团员青年不仅对贫困学生给予资金上的资助,更关注贫困学生健康人格的培养、良好心理素质养成。团市委及各基层团组织经常性地举办座谈会、联谊会等活动,与学生主动沟通、增进了解,消除他们的思想顾虑,鼓励他们努力学习。

作为社会爱心的象征,爱心助学活动在全社会弘扬了扶贫济困、助人为乐的良好风尚,成为一项具有广泛影响的社会公益事业,也成为我市共青团工作的"品牌工程",得到社会的一致赞誉。借此机会,请允许我向默默无闻、无私奉献的各级团干部和广大团员青年,向大力支持、积极参与的社会各界表示崇高的敬意和衷心的感谢!

送人玫瑰,手有余香。希望全市各级团组织在原有的工作基础上,进一步增强责任感、使命感,更好地承担起实施爱心助学活动的有效载体,弘扬社会新风。希望各级团组织能进一步组织和动员全市广大团员青年积极地

参与到这项活动中来，共同为广大贫困学生尽一份力。同时，要严格按照《xx市爱心助学管理办法》和爱心助学协议书的要求，充分履行各自职责，规范操作行为，使爱心助学活动不断地提升它的感召力和影响力。要注重和结对学生感情的培养和交流，在捐款、捐物的同时，关心他们的学习，给他们更多的精神鼓励，引导他们健康成长。要进一步大力宣传在爱心助学活动实施过程中涌现出来的先进典型、好的经验和做法，进一步唤起社会各界人士的爱心，在全社会营造助人为乐，关爱贫困学生健康成长的良好社会氛围。

同学们，你们是祖国的未来和希望，现代化建设的壮丽前景在召唤你们。希望你们珍惜社会各界给予的关心和帮助，树立克服困难、自强不息的信心和勇气，以乐观向上的品格，迎接各种挑战，在艰苦的环境中努力学习，以优异的成绩回报社会。希望你们始终坚持珍惜机遇、奋发成才的信念，不断提高自身素质，使自己成为符合现代化建设事业需要的人才。希望你们始终坚持胸怀人民、报效祖国的思想境界，树立远大的理想，承载社会的期望，以自己的聪明才智推动国家和民族的强盛，早日成为报效祖国、建设家乡的栋梁之才。

"爱心助学"是一项"功在现代、利在千秋"的公益事业。我们相信，有各级党委政府和各有关部门的高度重视、大力支持，有社会各界的热情关注、积极参与，这项工作一定能够不断深化、健康发展。让我们都来关心和支持爱心助学活动，敞开我们博大的胸襟，伸出我们热忱的双手，积极投身到爱心助学活动中来，用爱心、热心和真心共同托起祖国明天的太阳。

最后，祝同学们学习进步、身体健康！祝各位团干部工作顺利！

范例 4 在成人节宣誓仪式上的致辞

在××市第×届成人节宣誓仪式上的致辞

×××

青年朋友们、同学们：

今天是××市第×届成人节。我市又有×万多名年满 18 岁的青年开始迈上了人生新的征程。在此，我代表市委、市政府向你们致以良好的祝愿和节日的祝贺！

18 岁是充满生机和活力、充满朝气和希望的宝贵年华。今天，你们面对国旗庄严宣誓，意味着你们已经步入成人的行列，意味着成熟和责任，意味着你们将拥有宪法所赋予的所有权利和义务。青年朋友们，你们是国家的未来，民族的希望，是未来振兴××和全面建设小康社会的主力军。希望你们践履誓言，积极进取，奋发有为。

要奋发有为，必须树立坚定的理想信念。希望你们努力提高政治思想素质，认真学习政治理论，坚定信念，树立正确的世界观、人生观和价值观。要继承和发扬爱国主义的光荣传统，大力弘扬民族精神，自觉树立胸怀祖国、服务人民的远大志向，把实现远大理想化作为祖国、为人民贡献青春的实际行动。

要奋发有为，必须拥有扎实的知识积累。希望你们刻苦学习，积累丰富的科学文化知识。学习是一个人成长进步的根基。同学们正处于知识积累的最佳阶段，又有良好的学习条件和环境，要刻苦学习，要树立和实践终身学习的理念。要学习科学知识，掌握更多的现代科学文化知识和技能，用人类社会丰富的文明成果熏陶自己。

要奋发有为,必须积极参与社会实践。希望你们勇于实践,脚踏实地,不断提高创新意识。要积极参与社会实践,在实践中经受考验,接受锻炼,拓展面向现代化、面向世界、面向未来的宽广眼界,自觉养成自强不息的进取精神,增强报效祖国和人民的责任意识。要用自己双手编织属于自己的幸福,通过辛勤劳动使人生价值在创造财富、推动社会进步中实现。要积极参与道德实践,勇于开时代和社会风气之先,培养志愿服务精神,增强公共服务意识,树立奉献、友爱、互助、进步意识,以实际行动参与振兴××的具体实践。

青年朋友们,你们是××21世纪的主人,××经济社会发展正处在一个重要的转折时期。你们正拥有向往美好未来,立志报效祖国的青春年华,社会为你们展示才干、实现理想提供了广阔的舞台。愿你们珍惜青春,自强自信,为××的美好明天积极创造,自觉奉献。

最后,祝青年朋友们健康成长,奋发有为!

范例 5 在青年党员入党宣誓仪式上的致辞

在××市青年党员入党宣誓仪式上的致辞
市委组织部长×××

同志们、青年朋友们:

今天,我们在这里隆重集会,纪念中国共产党建党××周年,举行全市青年党员入党宣誓仪式。值此机会,让我代表市委向新加入党组织的青年党员表示诚挚的祝贺!

××年前中国共产党诞生之时,党员只有××人,面对的是一个灾难深重的旧中国。××年后的今天,我们党已成为在全国执政××多年,拥有××多万党员的大党。在××年的征程中,我们党以自己的智慧、胆略、意志和驾驭能力,领导中国人民告别了苦难的过去,谱写了壮美的新篇,迎来了光明的未来。

今天,你们通过组织的帮助和自身的努力加入了党组织,每名新党员应该感到无比的光荣和自豪,也应该珍惜这一难得而又值得铭记的庄严时刻,不断增强责任感和使命感,积极投身到老工业基地,加入"××××"发展战略的伟大实践中去,切实担负起时代赋予的崇高使命。市委在对你们表示祝贺的同时,也对你们寄予了殷切的希望。

一是希望你们要充分发挥党员的带头作用,努力成为人民群众的表率。要做勤奋学习,刻苦钻研的表率,要全面系统地学习"三个代表"重要思想,切实领会其科学内涵和精神实质,着力掌握其科学态度和创新精神,努力提高自身的党性修养和党性锻炼。要做坚决贯彻执行党的路线、方针、政策的表率。要坚持党的基本理论、基本路线、基本纲领不动摇,认真执行党的方针政策,坚定跟党走建设有中国特色社会主义,以高度的政治责任感完成好党交给的各项工作任务。要做力戒空谈、多干实事的表率,要把远大理想同务实精神结合起来,在工作岗位上艰苦奋斗,多作贡献。要言行一致,讲求实效,不务虚名,不搞浮夸,不做表面文章,坚持说老实话,办老实事,当老实人。

二是希望你们要充分发挥党员的骨干作用,努力成为××经济发展的先锋。要做推动改革和经济发展的生力军。要坚定地站在改革的前列,全面理解改革,积极参与改革,坚定促进改革。要在我市骨干企业的重组、重点项目的建设、优化经济发展环境等重点工作中,发挥青年的生力军和突击队作用。要做促进精神文明建设的排头兵。要大力发扬开风气之先的光荣传统,勇敢地站在开创社会文明新风的最前列,努力做中华民族传统美德的大力弘扬者、新型人际关系和良好社会风尚的积极倡导者。要做维护社会稳定的先锋队。要想党和政府之所想,急党和政府之所急,帮党和政府之所需,真心实意地为广大群众解决实际困难,为党和政府分忧,维护安定团结的大好局面。

三是希望你们要充分发挥党员的桥梁作用。努力成为全心全意服务人民的模范。要密切联系群众,深入基层,深入群众,向群众宣传党的主张,及

时向党反映群众的意见和要求，特别要到最困难的地方去，到群众意见多的地方去，到工作推不开的地方去，努力为群众排忧解难，要全力服务群众，要坚持立党为公，执政为民，始终把群众的利益放在第一位。坚持权为民所用、情为民所系、利为民所谋，为群众诚心诚意办实事。尽心竭力解难事，坚持不懈做好事，特别是对下岗职工、农村贫困人口和城市贫困居民等困难群众遇到的实际问题，一定要带着浓厚的感情帮助解决。要切实转变思想作风和工作作风，坚决防止和克服形式主义、官僚主义，自觉接受群众的批评监督，绝不脱离群众，绝不贪图安逸，绝不以权谋私。

同志们，青年朋友们！党和人民对你们寄托着殷切的希望。希望你们热爱祖国，热爱人民，志存高远，胸怀宽广，在改革开放和现代化建设的广阔舞台上，充分发挥自己的聪明才智，展现自己的人生价值，努力创造无愧于时代和人民的业绩。

最新
适用版

第六章

社交礼仪演讲致辞

第一节　欢迎演讲致辞

撰写要领

一、欢迎演讲稿的概述

欢迎演讲稿，是指在接待或招待客人的正式场合，主人发表的表示欢迎之意的致辞。欢迎演讲稿一般是以口头形式在欢迎仪式现场上发表，也有的在公开发行的报刊上发表；通常在较为庄重的公共事务中使用，也在举行较大的聚会、宴会、舞会、茶话会、讨论会等非官方的场合使用。

二、欢迎演讲稿的写作格式

欢迎演讲稿的撰写包括五个方面：标题、称呼、正文、结尾、署名、日期。

1.标题

第一行正中写标题，字体略大，可写"欢迎辞"三个字或写"×××在欢迎×××会上的讲话"。

2.称呼

第二行顶格写称呼，称呼要讲究礼仪，姓名要写全，要用尊称，可根据主客之间关系的疏密在姓名前面加表示亲切的修饰词语，如"尊敬的"、"敬爱的"、"亲爱的"等，要因人而异。

3.正文

正文要表达三层意思：开头要对客人表示热烈的欢迎、诚挚的问候和致意；接下来，阐述来访的意义，赞颂客人各方面取得的成就，也可回顾双方之间的交往与友谊，赞扬双方之间的友好合作；最后表示良好的祝愿或希望。

4.结尾

再一次对客人表示热烈的欢迎和良好的祝愿。

5.署名、日期

正文右下方署名,如标题有名称,可不署名,署名下一行标明日期。

三、欢迎演讲稿的写作要领

1.根据不同的对象表达不同的情谊。如,对于前来检查的上级领导人员,应当表示谦恭;对于初来乍到的外地考察团的同志,应当表示诚恳;对于刚到单位上班的新同志,应当表示热情等。

2.称呼要讲究礼仪。在来宾前后要加上头衔或亲切词语,千万不可用代称或简称。

3.语言要严谨,也要活泼。欢迎演讲稿的风格要依据场合而定。在隆重的欢迎大会、宴会、酒会、招待会上用,应当严肃一些;在一般的展销会、订货会上用,可以相对轻松一些。

4.要赞美来宾。搁置分歧或问题,充分肯定双方已有的良好关系或合作成果,表示今后继续交流与合作的强烈愿望。

5.要热情而不失分寸。欢迎讲话应做到热情、谦逊、有礼。语言要短小精悍,饱含真情。既要充分表达热情欢迎的情感,也要注意身份,有分寸和节制,做到不亢不卑。

范文经典

范例 1　欢迎代表团仪式演讲致辞

在欢迎省市党政代表团仪式上的讲话

×××

（××××年×月×日）

热烈欢迎××省××市党政代表团赴××检查指导工作！

在这绥山涌绿，田野叠翠的美好时节，我们迎来了远道而来的××市党政代表团的各位领导、各位朋友。朗水扬波传喜讯，××点头迎嘉宾，淳朴而好客的××万××人民热情地问候你们，热烈地欢迎你们！

××，地处××盆地东北部，界于××与××之间，是××的××门，南与改革开放的总设计师邓小平的故乡相望，北与开国元勋朱德元帅旧居相邻，地处××、××、××三角经济区腹地。

×××，历史悠久，源远流长，迄今置县××余年。远古先民，曾在这里刀耕火种，生生不息，创造了悠久的历史和灿烂的文明；民主斗士，在这里高举义旗，传播真理，留下了宝贵财富；革命前辈，在这里浴血奋战，英勇捐躯，写下了壮丽诗篇。这里是红色热土，薪火相继，这里是××革命根据地之一。第二次国内革命战争时期，××多名××儿女参加红军，××多名热血青年为中华民族的解放事业献出了宝贵生命。

××，在××年的真诚帮扶下，勤劳、善良的××人民团结实干，拼搏奋进，决战贫困，实现了经济社会发展新跨越。而今，城市日臻完善，工业正在崛起，农业充满希望。在××1600多平方公里的土地上,到处都树起了××对口帮扶的不朽丰碑。

长长帮扶路,绵绵手足情。××对口帮扶的八年,是××人民得实惠,干部受教育的八年,是××人民真情奉献,××人民永世不忘的八年,也是××经济社会发展最快最好的八年。

潮涌两岸阔,风正一帆扬。在深入践行"三个代表",切实推进"三个转变",加快建设××小康社会的征程中,我们一定承关怀而奋起,化帮扶为力量,在××人民的继续关怀和帮助下,进一步解放思想,抢抓机遇,开拓进取,不懈奋斗,用脚印踏出坦途,用汗水升华果实,用歌声告诉未来!

祝××党政代表团的各位领导、各位朋友身体健康,工作顺利,万事如意!

第二节 欢送演讲致辞

撰写要领

一、欢送演讲稿的概述

欢送演讲稿,是指在正式场合中主人发表的表示送别客人的致辞。会议闭幕、学生毕业、客人结束访问等,都要表示热烈欢送。

二、欢送演讲稿的写作格式

欢送演讲稿同欢迎演讲稿一样,也由标题、称呼、正文、结尾、署名、日期几部分组成。

1.标题

在演讲稿的正中写标题,字体略大,可写"欢送辞"三个字或写"×××在欢送×××会上的讲话"。

2.称呼

称呼要顶格写,称呼要讲究礼仪,姓名要写全,要用尊称,可根据主客之间的疏密在姓名前面加表示亲切的修饰词语,如"尊敬的"、"敬爱的"、"亲爱的"等,要因人而异。

3.正文

在欢送演讲稿的正文部分,应对客人表示热烈的欢送并对客人在这一阶段取得的成绩予以肯定,给予适当的评价。

4.结尾

即讲话的结束语。要以生动感人的语言对客人表示希望和勉励,并显示出依依惜别的感情。

三、欢送演讲稿的写作要领

1.有针对性。如是以集体名义欢送的,要从"公事"出发,多谈一些"认识";如是以个人名义欢送的,则从"私交"出发,多谈一些"情感"。

2.有实质内容。既有礼节形式,又有事务内容;要态度严谨、感情深挚,表现依依惜别的感情;注意原则性和灵活性相结合,搁置分赴,突出收获,表示今后继续交流与合作的强烈愿望;具全讲述感人至深的典型事例,增强送别对象的同感。

3.语言要生动,语气要热烈,并适时地运用幽默言辞,营造一种愉快轻松热烈的气氛。文字表述要求简短精练,准确适当,层次分明,篇幅要简短。

范文经典

范例① 欢送劳模代表仪式演讲致辞

在欢送我市劳模代表赴××出席自治区劳动模范和
先进工作者表彰大会仪式上的讲话

××市人民政府副市长×××

（20××年×月×日）

各位劳动模范和先进工作者代表:

你们好!

再过一会儿,各位就要赴××出席自治区劳动模范和先进工作者表彰大会了。在此,我代表市领导班子对你们表示衷心的祝贺和崇高的敬意!你们这次赴会代表的不仅仅是你们个人和单位,你们代表的是我市伟大的工人

阶级和数百万的劳动群众。这是你们的光荣,也是全市人民的光荣!

同志们,劳动最光荣,劳动最伟大,劳动创造一切物质文明、政治文明和精神文明。我市所取得的一切成就,无不是包括你们在内的全市工人阶级和各族人民、同心同德,艰苦奋斗的结果。这些年来,尽管困难重重,职工群众们干得很苦很累,但是全市上下始终保持着蓬勃的朝气、开拓的锐气和高昂的志气,使得我们的战略目标得以一步一步地实施,并取得了一个又一个的胜利!

你们是先进模范人物,是经过民主推荐,民主评议,层层选拔,具有广泛的群众性和典型性。在你们当中,既有身先士卒、锐意改革、经营成绩优异的领导干部;又有百折不挠、开拓创新、勇攀科技高峰的科技人员;还有爱岗敬业、无私奉献,在平凡岗位上做出不平凡业绩的普通员工。你们胸怀大局、信念坚定、对党的事业无限忠诚,是以实际活动投身改革和经济建设的典范;你们忘我工作,恪尽职守,正确处理集体利益和个人利益的关系,是立足本职建功立业的榜样;你们勤奋学习,努力掌握和运用科学技术,是不断推进技术进步和产业升级的标兵;你们严于律己,弘扬正气,以自己的先进思想和行动影响带动群众,是精神文明建设的先锋。你们的思想和行动,体现了先进模范人物的崇高品质,你们不愧是我们事业的中坚和全市各族人民的杰出代表和学习的楷模。我代表党和政府感谢你们!

当前,××总的发展态势很好,全市各族人民正在认真地贯彻党的十六大和十六大四中全会精神,按照市委市政府确定的做大、做优、做强××工业的发展战略和目标,全力推进"再造一个工业××"的宏伟事业。同时,我们也必须看到,进一步深化企业改革和农村改革,保持全市经济持续、健康、稳定的发展,解决前进中出现的新情况、新问题,需要我们付出更加艰苦的努力。

我们唯有紧紧依靠职工群众才能成功。因此,我们的一切工作都必须有利于群众,有利于把群众的积极性引导好,保护好,发挥好。我们各级党委和行政要始终不渝地坚持为人民服务的宗旨,坚持依靠工人阶级的方针,创造和谐社会;始终倾听群众的呼声,满腔热情地帮助群众解决困难,扎扎实实地办实事,坚决同一切漠视群众疾苦的官僚主义作风和消极腐败的现象作斗争。只有保持同群众最密切的联系,一切依靠群众,我们的改革和建设才能获得最广泛和最可靠的力量源泉。

同志们,实现跨越式的发展,我们有着良好的机遇,同时也面临严峻的挑战。我们肩负的任务光荣而艰巨。伟大的事业需要伟大的精神力量,我们要学习和弘扬先进模范人物的崇高精神,以坚定的信心和旺盛的热情投身到全市的各项改革、发展和建设事业中。实践反复证明,以先进思想和高尚精神武装起来的××人是能战胜任何艰难险阻的,已经并将继续创造出一个又一个的发展奇迹,到达胜利的彼岸。

同志们,你们即将踏上胜利之旅,我希望你们在大会期间,充分领会各级领导的指示精神,和全区各行业的劳模们切磋技艺,广泛交流,把宝贵经验带回来,为我们的工业××再创辉煌。

谢谢大家!

范例② 欢送新兵仪式演讲致辞

县领导在欢送新兵大会上的讲话

×××

同志们:

今天,我们在这里隆重集会,热烈欢送我县优秀青年光荣入伍,这是我县人民政治生活中的一件大事。征兵工作开展以来,全县广大适龄青年,积极响应祖国召唤,踊跃报名参军,大家以实际行动依法履行兵役义务,体现了高度的爱国主义精神。经过严格挑选、层层把关,你们被批准光荣入伍,即将成为中国人民解放军中的一员,这不仅是你们本人的光荣,也是你们全家

乃至全县人民的光荣。我代表县委、县政府、县武装部,向你们表示热烈的祝贺!

新兵同志们,中国人民解放军是中国共产党领导下的人民军队。作为伟大祖国主权的捍卫者,我们的人民军队始终坚持全心全意为人民服务,始终作为践行"三个代表"重要思想的排头兵,为中国人民的解放事业和国家经济建设作出了巨大贡献。这个岗位光荣神圣,责任重于泰山,希望你们到部队后,要牢记人民军队的宗旨,继承我军的光荣传统,继续发扬我们××人民"团结拼搏、开拓进取、吃苦务实"的精神风貌,认真学习,积极磨炼,努力争做一名优秀的军人。新兵同志们,42万父老乡亲在热切地期盼着早日听到你们建功立业的喜讯,早日收到你们立功嘉奖的喜报!

接兵部队的领导同志,你们继承发扬了部队的好传统、好作风,以实际行动密切了军政、军民关系,工作中坚持原则、密切配合,从新兵体检、家访到定兵整个过程,都做了大量卓有成效的工作,为保证新兵质量作出了重要贡献。在此,我代表县委、县政府和全县人民,向你们表示衷心的感谢!同时,欢迎你们常来××做客。最后,祝接兵部队的领导同志们和全体新兵一路平安!

谢谢大家!

范例 3 欢送退休教师演讲致辞

××中学 2008 年退休教师欢送词
——致×××、×××、×××老师

尊敬的×××老师、×××老师、×××老师:

你们好!你们从参加教育工作至今,已经整整地走过了几十个春秋。几十年来。你们忠诚党的教育事业,出色地完成了党和人民交给你们的光荣而艰巨的任务。××中学的学生会记着你们！共事过的同志也会记着你们！党和人民感谢你们！你们对工作满腔的热忱，你们对学生无微不至的关怀，你们对同志无私的帮助和引导，你们对事业高度负责的精神，时时对我们产生深远的影响！你们的精神令人难忘，你们的风范令人钦佩，你们的教诲催人奋进！

你们在教学一线时，曾分别担任过数学、语文、英语等主要学科的教育教学工作，在工作中，认真备课、上课、认真批改学生作业，有时工作到深夜，从中发现学生存在的问题时，对学习中遇到困难的学生及时进行辅导，使各类学生都得到了提高。你们发扬蜡烛精神，"燃烧自己，照亮别人"。正因为有了你们的辛勤的工作，××镇多少儿女的思想素质、文化修养得到了极大的提高，××镇人民感谢你们，××中学感谢你们。

你们热爱学校，事业心强，办事干练认真，关心爱护学生，尊重学生人格，谦虚谨慎，尊重和关心同志，处处以身作则，不顾自己年近花甲，站好最后一班岗，深受广大师生的好评。

你们从教几十年来，淡泊名利，一心扑在教育事业上，兢兢业业，无私奉献，辛勤耕耘，送走一批又一批合格学生，可以说桃李芬芳遍天下。你们为我们树立了榜样。我们要向你们学习。以实际行动搞好本职工作，把学校办得更好，不辜负党和人民的期望。希望你们继续关心、支持我校工作，最后：祝你们健康、快乐、长寿，常回家看看。

第三节　庆功、表彰演讲致辞

❧ 撰写要领 ❧

一、庆功演讲稿的概述

庆功演讲稿是领导同志在重大庆典、庆功会上所发表的讲话内容。

二、庆功演讲稿写作要领

庆功演讲稿的写作要注意以下要求：

1.发人深省，内容积极而不庸俗。

2.亲切热情，言辞热烈而不落俗套。

3.形式新颖，语言诙谐而充满情意。

4.篇幅短小，言简意赅而不单调。

三、表彰演讲稿概述

表彰性演讲稿是指领导干部在表彰集体或个人作出优秀成绩、突出贡献、先进事迹的会议上所作的讲话内容。

四、表彰演讲稿写作要领

1.这类演讲稿的内容要充分揭示出被表彰、表扬者的可贵之处，抓住本质的、最能教育人的方面来写。

2.对表扬和赞颂的话，要写得准确实在。

3.文字要朴素、简洁，言辞热烈。

❧ 范文经典 ❧

范例 1 在先进事迹表彰会的演讲致辞

在公安机关共产党员先进事迹报告会
暨表彰大会上的讲话

同志们：

今天，市公安局在这里召开市公安机关共产党员先进事迹报告会暨市公安机关表彰大会。先进事迹报告团的××位同志分别讲述了自己或身边战友的先进事迹；市公安局隆重表彰了我市获得去年年度全区优秀公安局、全区优秀公安基层单位、全区优秀人民警察称号的先进集体、个人以及侦破特大贩毒案件专案组立功人员。这是市公安局深化保持共产党员先进性教育活动和加强公安队伍建设的重要内容。在此，我代表市委、市政府，向先进事迹报告团的成员和受到表彰的单位及个人致以亲切的慰问和崇高的敬意！向一直关心、支持公安建设和发展的区公安厅领导表示衷心的感谢！

近年来，市公安机关在市委、市政府的坚强领导和区公安厅的正确指导下，牢记"立警为公，执法为民"的宗旨，全面践行"三个代表"重要思想，努力打造高素质的公安队伍。全力维护社会稳定，保障人民群众安居乐业，较好地完成了各项公安业务工作。市委、市政府对公安机关是放心的，人民群众是满意的。在工作中，公安队伍涌现出了一批先进典型和先进人物，今天进行先进事迹报告和受到表彰的同志就是先进典型中的突出代表。刚才，市公安局局长和区公安厅副厅长对全市公安机关和广大民警如何学习先进典型的事迹，更好地促进公安工作提出了很好的意见和要求，我完全同意。下面，

我再强调几点：

一、要在全市公安机关迅速掀起学先进、赶先进的热潮

报告团××位同志讲述的自己和身边战友的先进事迹和受表彰的先进人物，是近在我们身边的典型。全市公安机关和广大民警在远学任长霞、吴光林等先进人物的同时，要结合自身的实际，学习我们身边的先进人物。学习他们理想信念坚定，对党忠诚的崇高品质；学习他们兢兢业业、勤勤恳恳、无私奉献的优良作风；学习他们视群众为亲人，在工作中情为民所系，权为民所用，利为民所谋，秉公执法、执法为民的高尚精神。全市公安机关和广大民警，要以此次先进事迹报告会和表彰大会为契机，迅速掀起一股学先进、赶先进的热潮，把此次报告会和表彰大会的精神转化为激励广大民警做好本职工作的强大动力，并实实在在地体现在具体行动中。

二、要把学先进活动与保持共产党员先进性教育活动结合起来，大力加强公安队伍建设

我市第一批开展保持共产党员先进性教育活动的单位已进入了总结提高阶段，市公安机关在开展先进性教育活动中，积极开展人民群众关注的打击"两抢一盗"专项斗争、打击"六合彩"等非法赌博活动和禁毒人民战争等，不断改进服务质量和服务水平，取得了较好的成效。虽然先进性教育活动进入了总结阶段，但保持共产党员先进性是一个永恒的主题。全市公安机关和广大民警，在学先进活动中，要对照保持共产党员先进性的具体要求和标准，对照加强公安队伍正规化建设的要求，抓好各项整改措施的落实，从建立健全永葆共产党员先进性的长效机制入手，以开展"规范执法司法行为，促进执法司法公正"专项整改活动为切入点和落脚点，以先进人物为榜样，努力打造一支高素质、高水平的公安队伍，全面推进公安队伍的正规化建设。

三、要把学先进活动与大力抓好当前公安工作结合起来，促进公安工作再上新台阶

当前，我市公安机关各项工作任务是十分繁重的，公安机关的"开门大接谤"集中处理群众信访问题、打击"两抢一盗"、禁赌、禁毒斗争等行动虽然取得阶段性成果,但面临的形势仍相当严峻;"第二代居民身份证"换发工作、人口信息系统建设工作等任务还相当艰巨。公安机关认真做好各项业务工作,维护社会稳定,对于建设平安、构建和谐社会具有十分重要的意义。全市公安机关和广大公安民警一定要增强政治责任感、历史使命感和紧迫感,严格履行职责,紧密结合各警种、各部门工作的实际,认真学习贯彻先进事迹报告会和表彰大会的精神,坚持在工作中学先进,以学先进促进各项工作,全面推动公安工作再上新台阶。

同志们,公安机关在维护社会稳定、构建社会主义和谐社会中发挥着重要的作用,肩负着重大的政治和社会责任。希望全市公安机关以求真务实和争先创优的精神,进一步弘扬先进,争当先进,以先进典型为榜样,努力实践"立警为公,执法为民"的要求,切实提高公安机关的"四个能力"和"两个水平",为建设平安××,构建和谐社会,作出公安机关应有的贡献。

范例 ② 在表彰优秀经营者大会上的演讲致辞

在年度十大突出贡献工业企业暨优秀经营者表彰大会上的讲话

×××

同志们:

今天,市委、市政府隆重召开××××年度十大突出贡献工业企业暨优秀经营者表彰大会。我代表市委、市政府向受到表彰奖励的企业和经营者表示热烈祝贺!向为全市经济发展作出重大贡献的工业系统广大干部职工表示衷心感谢!

去年,面对突如其来的非典疫情和多年不遇的洪涝灾害,工业系统的广大干部职工,按照市委、市政府"四增一补"的要求,振奋精神,迎难而上,全面实施《××工业振兴计划》,坚持深化企业改革,不断加大技改投入力度,工

业经济保持了持续健康快速发展的良好势头。全市工业增加值完成 347.1 亿元,占全市 GDP 的 45.09%,拉动全市经济增长 6.39 个百分点;实现工业利税 57.22 亿元,实现利润 29.3 亿元,经济效益综合指数 114.76,同比提高 6.02个百分点。今天受到表彰的十户企业去年完成工业总产值 180.6 亿元,占全市 736 户规模以上工业企业总产值的 23.17%,对全市工业发展作出了突出贡献。受到表彰的企业经营者,在企业创业、经营、改制、重组等方面取得积极的成果,在依法经营、诚信经营、企业文化建设、承担社会责任等方面发挥了示范和表率作用。

市委、市政府对作出突出贡献的企业和经营者进行重奖,就是要大力弘扬优秀经营者的开拓创新精神,在全社会形成尊重劳动、尊重人才、尊重知识、尊重创造、尊重纳税人价值的社会氛围,让劳动者受到尊重,让纳税人感到光荣,从而激发全市各条战线干部群众的积极性,形成一个争作贡献、比学赶超、奋发向上的良好发展局面。

工业是一个城市经济发展的脊梁。××作为一个大城市,国民经济的大厦必须靠工业的强劲增长来支撑。没有发达的工业,财政收入缺少主体税源,兴市富民就无从谈起;没有发达的工业,物流、金融、服务等第三产业发展缺乏坚实的基础,城市经济就难以繁荣昌盛;没有发达的工业,不能提供更多的就业机会,提高人民生活水平和保持社会稳定就会受到影响。因此,加速工业化进程,是我市面临的重大任务。尽管我市工业基础较好,但存在问题也不少,突出的是总体规模小,著名企业少,名牌产品少,与××这个大城市的地位很不相称。我们要加快发展,尽早实现"建强创佳"和全面建设小康社会的目标,就必须切实增强发展工业的紧迫感和责任感,把握好 21 世纪头 20年这个必须紧紧抓住并且可以大有作为的重要战略机遇期,树立和落实科学发展观,按照走新型工业化道路的要求,加快振兴××工业经济。

要坚定不移地实施工业强市战略,把加快发展工业和支持工业发展放在更加重要的位置。认真分析自身的优势和差距,充分利用国家实施西部大开发和振兴老工业基地的政策,准确把握国家加强宏观调控的政策措施,积极承接发达国家和地区的产业转移,调整工业布局,优化产业结构。继续实施《××工业振兴计划》,加大资本投入,加快发展高新技术产业,以高新技术改造和提升传统产业。做精做专、做大做强制造业,推进我市工业经济的跨越式发展。全社会都要重视工业、关心工业、支持工业,为我市工业加快发展营造良好的环境。

企业是工业发展的主体。要遵循市场经济规律,有效吸纳和整合资源,加快培育能够带动地方经济发展的大型企业集团,推进产业集聚,延长产业链条,形成一批支撑我市工业发展的"参天大树"。同时,采取有效措施,积极扶持中小企业加快发展。政府各部门必须进一步更新观念、转变职能,为企业发展创造有利条件。坚持以改革行政审批制度为突破口,进一步简化办事程序,减轻企业负担。鼓励各类社会中介机构为企业提供信息咨询、贷款担保、产权交易、人员培训、对外合作和法律咨询等服务,促进我市工业经济良性运行。

企业的竞争,说到底是人才的竞争。企业发展离不开优秀的经营者,离不开企业家队伍的形成和壮大。要高度重视企业家队伍建设,建立健全科学有效的激励和保护机制,营造有利于企业家引进、培养、使用的政策环境和社会氛围,充分调动企业经营者的积极性和主动性。必须牢固树立人才是第一资源的观念,在研究人力资源、开发人力资本上狠下功夫。要千方百计留住人才,用好人才。不仅要以事业留人、以机制留人,还要以感情留人、以待遇留人、以企业家的人格留人。要把发挥经营者积极性同发挥广大职工的积极性紧密结合,形成强大合力。

实施名牌战略,是提升工业水平、增强市场竞争力的必然要求,也是发展工业的重要手段。要围绕我市优势工业,加大争创名牌力度。立志创出一批有广泛影响的品牌,既要勇创名牌,也要善请名牌,大力引进国际知名品牌,使名牌带动城市经济腾飞。

改革是工业发展的动力,建立现代企业制度是工业企业加快发展的体制保证。要按照"产权清晰、权责明确、政企分开、管理科学"的要求,不断深

化企业改革,加快国有企业股份制改造,积极推进投资主体多元化,积极引进战略合作伙伴,大力发展混合所有制经济,培育和完善产权交易市场,使我们企业的体制、机制更加适应社会主义市场经济的要求。

创新是发展的灵魂,核心技术能力的创新是工业企业增强竞争力的关键。要坚持贯彻"科学技术是第一生产力"的重要思想,抓住技术进步和产业升级这个关键环节,加快技术创新,尽快形成具有自主知识产权的技术能力,增强企业核心竞争力。重视推广先进适用技术,加快淘汰浪费资源、污染严重的落后生产能力。积极建立企业信息化技术支撑体系,以信息化带动工业化。

同志们,今年我市经济发展任务很重。我们要认真落实中央加强和改善宏观调控措施,全力保持经济平稳、协调、快速发展。希望全市工业系统的广大干部职工,继续保持高昂的精神状态和饱满的工作热情,抢抓机遇,真抓实干,开拓创新,团结拼搏,确保全年任务顺利完成!希望全市各行各业都要向今天受到表彰的企业和优秀经营者学习,艰苦创业,奋发有为,为实现我市"建强创佳"和全面建设小康社会的宏伟目标作出更大贡献!

范例 3　在增强团队意识教育活动表彰大会上的致辞

在××集团增强共青团员意识主题教育活动
总结表彰大会上的致辞

×××书记

各位领导、同志们、青年朋友们:

今天,××集团在这里召开增强团员意识主题教育活动总结表彰大会,这既是一次总结经验、表彰先进的大会,又是一次乘势而上、实现全面活跃的动员会,对于××共青团进一步解放思想、抢抓机遇、奋发有为,再创新佳绩,将起到十分重大的推动作用。在这里,我代表共青团××市委,向一直以来关心、支持共青团工作的××集团各级党政领导表示衷心的感谢!向受到表彰的增强团员意识教育活动的先进单位、先进个人表示热烈的祝贺!

前不久,××市委书记室专门到××集团进行调研,实地考察了一些基层单位开展增强团员意识教育工作的情况,刚才,我又听了两家单位的典型发言,我感到很受教育,也很受启发。××集团增强团员意识主题教育活动在××各级党政领导的高度重视和直接关心下,教育活动内容和手段丰富多彩,取得了明显的成效,团员意识明显增强、团员作用不断发挥、团组织覆盖面有效扩大、团组织和团员的精神风貌发生了很大的变化,打团旗、唱团歌、戴团徽已经在很多地方蔚然成风。刚才发言、受到表彰的单位和同志在活动中积极投入,苦学实干,勇于创新,奋发进取,为××集团提前两年实现"百亿"目标做出了积极的努力,成为企业发展的排头兵、领头羊,所有的××青年都要向他们看齐,全市团员青年也应当向他们学习。

我希望广大××团员青年要把方兴未艾的增强团员意识主题教育活动保持下去,特别要把这次活动形成的好思路、好方法、好作风保持下去,以强烈的责任感推进企业发展,以科学的态度统筹企业发展,以更大的力度加快企业发展,把××集团建设成为极具创新力和竞争力的特大型能源企业。

第一,切实增强思想政治教育,做信念坚定的模范

思想是行动的先导。共青团作为党领导下的先进青年的群众组织,担负着凝聚、引导青年积极投身社会主义现代化建设的重要任务。我们要引导团员青年牢固树立"永远跟党走"的坚定信念,坚持以"三个代表"重要思想为指导,自觉地把个人的前途同企业的发展紧密联系在一起,把企业的奋斗目标作为自己的崇高追求,把个人的奋斗融会到振兴企业的洪流中去,脚踏实地,艰苦创业,知难而进,一往无前,不断贡献自己的智慧和力量。坚定的政治信念,来源于深入的理论教育。我们要不断地积极研究青少年成长规律,精心设计教育载体,探索有效教育途径,努力拓展教育资源,坚持经常性教

育和适当的集中教育相结合,把学习实践"三个代表"重要思想进一步引向深入,努力把广大团员、团干部锻炼成为"三个代表"重要思想的坚定实践者,成为××集团实现跨越式发展的参与者和推动者。

第二,切实增强创新活力,做善于创造的表率

企业的发展在创新,创新的动力在青年。我们要通过这次增强团员意识主题教育活动,进一步解放思想、实事求是、与时俱进,带头树立创新意识,发扬创新精神,保持创新锐气,努力为企业发展、创新作出应有的贡献。要深入实施青工创新创效活动,在全矿青年中大力弘扬科学精神,发扬勇开风气之先的优良传统,不断提高自主创新能力,鼓励、引导和支持广大青年开展思路创新、科技创新、产品创新活动,用新思维研究新情况,用新方法解决新问题,用新技术推动新发展,用新产品开拓新市场,用新举措开创新局面。创新要坚持以人为本。我们要深入实施"青工技能振兴计划",加快培养一批技术技能型、知识技能型、复合技能型青年人才,切实服务于企业的持续发展。要激发青年创造热情。把企业青年技术工人的培养纳入企业人才建设整体规划和企业对职工的奖励体系,加大表彰奖励力度,形成青年钻研技术、创优争先、矢志成才的热潮,努力取得更多更好的创新成果。

第三,要切实增强服务意识,做持续发展的先锋

增强团员意识教育活动最终取得实效,关键在于认真研究,解决青年、团员和团干部当中存在的一些突出问题和困难,这是衡量教育活动成效的一条重要标准。我在××矿调研时强调了两点:一是要活跃团支部,形成联动;二是要取得实效,解决实际问题。各级团干部要在教育活动中,深入基层,到团员青年中去,急团员青年之所急,想团员青年之所想,为团员青年解难题、办实事、做好事。××共青团大胆借鉴党员先进性教育活动成功经验,将"五彩阳光"品牌有机地融会到主题教育活动中,开展了"三十个一"系列活动,有效地服务于企业发展,服务于青年健康成长,青年满意率超过90%,这就是青年满意工程。下一步,希望你们要把活动成果以制度的形式巩固下来,把机制建设作为根本性、全局性、稳定性和长期性的问题来对待,在教育活动

中及时总结经验,努力探索和把握新时期团员教育管理工作的规律,努力建立健全包括团员学习教育制度、团员评议激励制度、团干部考评制度、组织活动制度等在内的,适应新形势发展、适合本部门实际情况的工作制度和运行机制,使团员意识教育经常化、制度化、规范化,不断巩固和扩大教育活动成果,使教育活动真正取得长效,真正为企业的发展注入源源不断的动力。

同志们,总结表彰大会并不意味着增强团员意识教育已完成,增强团员意识是每位团员青年所面临的终身课题和永恒主题,是今后共青团工作的一项长期工程。希望××共青团在已经取得成绩的基础上,再接再厉,在党委的带领下,把团员意识教育与学习贯彻十六届五中全会精神有机结合起来,把教育活动推向深入,团结带领广大团员青年为促进××集团做大做强、加快××集团发展作出积极贡献!

我的讲话完了,谢谢大家!

范例④ 在工作总结表彰会议上的演讲致辞

市政府领导在全市春运工作总结表彰会议上的讲话

同志们:

今年的春运工作在各镇政府和有关部门的支持配合下,经过春运战线上全体干部职工的共同努力,已于3月8日圆满完成。刚才,市春运办主任、交通局副局长×××同志代表春运办,对今年的春运工作作了全面总结,讲得很好。在此,我代表市政府向在这次春运工作中作出辛勤努力和贡献的所有干部职工表示最衷心的感谢!

今年四十天的春运,能比较顺利地完成,我认为主要做好了以下几项工作。

第一，各级领导重视

今年，春运在面临安全形势严峻、客流量增大、社会对春运工作要求越来越高的新特点、新情况，市各镇政府和交通各部门把今年春运当做新年第一季度的重点工作，当做政府为民办实事来办。市春运办和各部门的分管领导根据春运准备、节前、节后三个阶段及天气、客流因素，抓部署、抓落实，并经常深入到车站、道路春运现场，认真检查，落实整改。交通等部门领导，春运高峰期，几乎天天服务在基层，抓好春运各个环节，保证了春运工作有序进行。

第二，安全管理得到了进一步加强

今年，春运取得了无一起安全事故发生的良好成绩，我看关键一点，是各有关职能部门、各春运单位针对今年春运安全工作的新形势、新要求，按照"守土有责，确保一方平安"要求，切实加强了责任管理，抓好了现场措施落实。市春运办组织协调好春运各方面工作，及时做好上传下达，督促指导工作。各镇春运办抓好辖区内路、桥、渡安全管理，对重要路、桥、渡设施，各镇均与所在村、单位签订了确保安全的责任书。市交通局、公安局职能部门联手组织打击道路违章车辆同时，还落实组织对所有春运机驾人员进行了安全教育，加强现场监督。客运单位加大了对运营工具，特别是租赁车主监控管理，有效限制了超载等违章情况的发生。公路、稽查、航道、海事加强了道路、航道、渡口、车辆的检查和管理，积极抢修道路、桥梁、清除航障，打击黑车、狠刹超载，确保了全市路航渡桥安全畅通。

第三，文明服务又有新提高

搞好春运工作是全社会对交通行业文明建设的一次全面检查，检查的标准是群众满意不满意。今年春运期间，各客货运输企业继续深入开展"文明与春运同行"活动，不断提高改善服务环境，深化文明行业创建，优质服务、优良秩序、优美环境得到了进一步的体现。××火车站新客站正式启用，同时××火车站正式晋升为上海铁路分局一级站，停靠列车的增多，为××旅客提供了良好的出行环境。客运公司、××客运总公司××公司不断加大对春运服务硬环境投入,切实加强规范服务,公开服务承诺。总体来看,今年春运窗口单位服务质量上又有了新的提高。同时,交通货运单位春节期间加班加点,突击做好疏港任务和外配任务,得到了社会各界的好评。

第四,各方协调配合好

春运工作涉及全局,需要各个方面的支持和配合,在交通、公安部门的干部、职工集中精力,全力以赴抓春运的同时,市工商、气象、物资等部门和市新闻单位大力支持和配合春运工作,其中"三台一报"的记者、编辑在春运期间经常到春运一线现场采访,及时报道好人好事和存在的问题,为动员全市干部群众重视春运,支持春运,发挥了作用。各有关部门、单位热忱关心春运职工的生活,积极做好春运职工的生活后勤服务,办实事、做好事,保证了春运工作的顺利进行。

春运工作虽然告一段落,但我希望在座的各个单位,在春运成绩的基础上,继续加强"三个代表"重要思想的学习,观念上适应新形势的变化,把为人民服务、为社会办更多的实事、好事体现在日常工作当中。

今年是"十五"计划的关键一年,是正式加入 WTO 的第一年,也是党的"十六"大召开之年,交通部门要认真贯彻落实好市委第十次党代会确立的"富民强市、率先基本实现现代化"的战略目标,增强率行意识,加快××交通事业新一轮大发展,为××经济的大发展作出更大贡献。进一步加强交通行业管理力度,深化交通企业内部改革。抓好创建文明行业工作,对于人民群众关心的运输服务质量要强化管理,提高整个行业文明程度。

同志们,在新的一年中,我相信,在市委、市政府的高度重视下,在各镇政府、各有关部门积极努力下,春运工作中表现出的精神状态、工作作风一定为××××年全年的经济建设和各项社会事业的发展作出新的贡献。

范例 5　在建设工程总结表彰会上的演讲致辞

在××机场建设工程总结表彰大会上的讲话

同志们：

　　正值全国上下兴起学习贯彻党的十六届四中全会精神之际，在中秋和国庆佳节即将到来的大喜日子里，我们在这里隆重集会，表彰对××机场建设、通航作出重大贡献的先进集体和个人，我谨代表州委、州政府表示最热烈的祝贺！对关心、支持和参与××机场建设工程的单位和部门以及各族各界群众表示衷心的感谢！

　　表彰先进、学习模范，我们要学习机场建设者争创一流的开拓进取精神。始终按照一流的质量、一流的进度、一流的建设队伍、一流的建设管理水平的要求，坚持投资最省、进度最快、质量最高、管理最优的理念，突出重点，解决难点，做出亮点，兼顾全面，整体推进工程建设，取得了突出的成绩。我们要学习各级各部门密切配合的团结奋斗精神，真正做到了举全州之力建设××机场。从前期准备到实地踏勘，从建设到通航，各县市、州级各部门有分工、有合作，出钱出力，献计献策，根据自身实际和工作特点，密切配合机场建设，做了大量卓有成效的工作。我们要学习广大干部职工忘我工作的敬业精神，不论是晴天、雨天，节日、假日，抢严寒、战酷暑，夜以继日地工作，特别能吃苦，特别能忍耐，特别能战斗，始终保持昂扬的斗志，求真务实的作风，一丝不苟的工作态度，一切服从服务于机场建设，确保了机场建设各项工作健康有序地进行。我们要学习广大人民群众顾全大局的奉献精神。人民群众对机场建设倾注了满腔热情，在耕地、林地征用等方面配合有关部门做了大量工作,克服了机场建设所带来的生产生活困难,参与到机场建设的大军中去,表现出了很高的觉悟,真正做到了舍小家、顾大家、为国家。

总结机场建设、通航的基本经验有四条:一是离不开党中央、国务院、中央军委,省委、省政府和上级有关部门的关心和支持;二是离不开各级各部门的××合作;三是离不开州委的坚强领导和州政府卓有成效的工作;四是离不开干部群众的自觉奉献。我们要发扬成绩,克服不足,全盘带动,再创辉煌。

第四节　答谢、慰问演讲致辞

撰写要领

一、答谢、慰问演讲稿的概述

答谢演讲稿是指在公众场合对别人的帮助或招待表示感谢的讲话。答谢词广泛应用于各类场合,对于沟通情感、巩固友谊等都能起到很好的作用。

慰问演讲稿主要是指领导同志在重大节日、拥军优属及抢险救灾等慰问活动中的讲话稿。

二、答谢、慰问演讲稿的写作要领

1.态度要热情礼貌,感谢和慰问要真诚自然、谦逊有礼。

2.要善于从现场找话题或引用对方熟悉的事例,拉近双方的心理距离,以增强双方的认同感。

3.尊重对方习惯。如果是在异地作客,要了解当地的民情、风俗、尊重对方习惯。

4.语言要庄重得体,简洁明了,篇幅要力求简短。

❧ 范文经典 ❧

范例 1 答谢会上的演讲致辞

20××华东业余无线电大会答谢词

×××

（20××年×月×日）

尊敬的业余无线电爱好者朋友们：

伴随国庆长假的结束，20××华东业余无线电技术交流大会也胜利落幕了。短短几天的时间里，来自北京、辽宁、天津、山东、上海、江苏、浙江、河南、湖南、广东、广西、四川、陕西、安徽等十余个省市的百余名业余无线电领域的领导、专家、学者、爱好者齐聚东黄山度假区，交流心得，研讨技术，参观展览，沟通感情，度过了虽然短暂但热烈、难忘的时光。请允许我代表本次大会的组委会，再次向大家表示衷心的感谢！

首先，感谢出席本次大会的有关领导。他们是：国家工业和信息化部无线电管理局业余无线电业务负责人××先生；国家无线电监测中心、中国通信学会无线电应用与管理委员会×××主任；著名业余无线电家、中国无线电运动协会秘书长××老师……感谢你们对业余无线电活动的亲切关怀和热忱支持！

其次，感谢出席本次大会的有关嘉宾和爱好者们。他们有：澳大利亚无线电协会会员××先生；著名业余无线电家、原上海市无线电运动协会秘书长××先生……以及来自全国各地的热情洋溢的爱好者们。你们的到来，让××蓬荜生辉，你们的笑脸，照亮了国庆的夜晚。

再次，感谢××度假区的工作人员。感谢你们热情的接待和周到的服务，特别是牺牲了黄金周期间显著的经济利益，提供给我们价格低廉的食宿条件，让大会得以顺利举行。

最后，特别感谢组委会各位志愿工作者们，为了本次大会的筹备和举办，你们不仅牺牲了自己大量宝贵的时间、精力，还要自掏腰包贴路费、油费、通信费；有的要向单位请假提前前往大会地点做好准备工作；有的带病坚持工作，甚至有的志愿者还要因为细节问题忍受一些不应该的误解和责怪。衷心感谢您的付出，您的热情，您的高尚，您的奉献！

随着社会的发展，业余无线电在国内、国际也面临着诸多的困难和问题。如何在继承传统活动的同时跟上时代步伐？怎样才能向正确的方向迈出正确的步伐？有很多问题需要我们全体爱好者共同思考，努力解决。如今业余无线电节虽然结束了，但我们的爱好仍在继续，中国业余无线电发展的步伐才刚刚开始。中国是世界无线电应用最普及的国度，××应在无线电技术的普及、实践、研究方面有所创新。让我们携起手来，传承文明，团结爱国，学习钻研，进取创新，向着新的胜利共同前进！

谢谢大家！光荣和胜利属于全体业余无线电爱好者。

范例 2　重大节日慰问演讲致辞

八·一建军节慰问部队时地方企业领导的讲话稿

×××

（20××年×月×日）

各位首长、全体指战员、同志们：

在"八·一"建军节到来之际，我们欢聚一堂，共叙军民鱼水情深，意义非常特殊而重要。在此，我谨代表全体职工向全体消防官兵致以节日的祝贺！

消防安全工作事关经济的发展、社会的稳定,事关国家和人民生命财产的安全。在座的全体消防官兵始终以强烈的政治责任感和忧患意识,全面贯彻落实"政治合格、军事过硬、作风优良、纪律严明、保障有力"的要求,大力加强部队建设,不断提高部队的战斗力,在防火、灭火第一线不辱使命,扎实工作,无私奉献,为当地的经济发展和社会稳定作出了积极的贡献。在此,我向全体消防官兵致以崇高的敬意!

我们是一家全国知名的国有大型电力建设施工企业,秉承"成就自我、服务社会"的价值观来到××,有幸和你们共同开展军民共建活动,共同为一期工程建设服务。在你们无私的支持和帮助下,我们认真落实消防责任制,切实把本单位的消防安全工作抓紧抓好,在本单位形成了齐抓共管、人人参与的良好局面,确保了工程建设消防安全形势的稳定。在此,我谨向你们表示衷心的感谢!

同志们,当前,工程建设已进入关键时期。在抓好工程建设的同时,我们将始终把支持部队建设作为自己的神圣职责,视子弟兵为亲人,我们将更紧密地和你们在一起,精诚团结,真抓实干,广泛开展双拥共建活动,谱写军民共建新篇章。

最后,衷心祝愿全体消防官兵以及家人节日愉快,阖家幸福!祝大家身体健康,万事如意!

谢谢大家!

范例 3　拥军优属慰问演讲致辞

在 20××年春节军地双拥共建座谈会上的讲话

×××

（20××年×月×日）

同志们：

今天，我们在这里隆重举行××年春节军地双拥共建座谈会，喜迎新春佳节，共话军地友谊，热烈庆祝我市荣获全国双拥模范城"六连冠"。首先，我代表市委、人大、政府、政协和全市各族人民，向驻××部队全体指战员、武警官兵、民兵预备役人员、军烈属、革命伤残军人、复员转业军人和军队离退休干部致以新春的祝福和诚挚的问候，向为双拥共建工作付出辛勤努力的军地双方干部、广大群众表示衷心的感谢！

刚才，××政委介绍了×月×日在××召开的全国双拥模范城（县）命名暨双拥模范单位和个人表彰大会盛况。在这次会议上，我市连续第六次获得"全国双拥模范城"称号，这是对我市双拥工作的充分肯定，是对我们今后进一步加强军政军民团结、不断开创双拥工作新局面的极大鼓舞。

多年来，我市双拥工作在全市各级党委、政府和驻××部队的共同努力下，经过不断巩固提高和创新发展，进一步密切了同呼吸、共命运、心连心的军政军民关系，巩固发展了军政军民团结的大好局面。特别是通过深入开展国防教育和双拥宣传，营造了军爱民、民拥军的浓厚氛围，广大军民的国防观念和双拥意识进一步提高；通过紧紧围绕全面建设小康社会和推进军事斗争准备，军地动真情、办实事，互相促进、协调发展，有力地促进了地方生产力发展和部队战斗力提高；通过深入开展双拥模范城（县）创建活动，不断拓宽共建领域，创新活动载体，丰富创建内容，壮大基层双拥工作队伍，增强了创建工作的活力和实效；通过全市军民同心同德，互相支持，共同奋斗，充分发挥了军民团结的巨大作用，有效维护了我市的改革发展稳定大局，促进了军队改革与建设，促进了地方经济发展和社会全面进步。历史和现实充分说明，双拥工作是一项带有全局性、战略性的工作，"军民团结如一人，试看天下谁能敌"是一条颠扑不破的真理。

党的十七大对国防和军队现代化建设作出了新的重要部署，要求我们站在国家安全和发展战略全局的高度，统筹经济建设和国防建设，在全面建设小康社会进程中实现富国和强军的统一。这是我们今后一个时期做好双拥工作的重要指导方针。我们必须全面贯彻党的十七大精神，贯彻落实科学发展观，把维护国家安全利益和发展利益作为重要目标，把维护广大军民的根本利益作为出发点和落脚点，把双向服务、双向奉献作为根本方法，把改革创新作为发展动力，正确认识形势，明确工作任务，加大工作力度，不断巩固双拥共建成果，努力推动双拥工作再上新台阶。

下面，我就如何进一步做好我市的双拥共建工作，讲三点意见。

一、认清形势，切实增强做好双拥工作的责任感和紧迫感

双拥工作历来是为党的中心工作服务的，当前全面建设小康社会和中国特色军事变革对双拥工作提出了新的更高要求。就我市双拥工作来看，也面临许多新的形势和任务。

一是实现经济社会又好又快发展对双拥工作提出了新要求。发展是第一要务。围绕发展抓双拥，抓好双拥促发展，是双拥工作的根本原则。促进我市经济社会又好又快发展，必须把全社会的力量充分调动起来，形成政治同心、目标同向、同心同德、团结奋斗的生动局面。多年来，军地双方坚持围绕中心、服务大局，在推动经济社会又好又快发展中通力合作，在推进军事斗争准备中密切配合，在有力促进社会生产力发展的同时，促进了部队战斗力的提高。贯彻落实科学发展观，促进我市经济社会又好又快发展，要求我们必须充分发挥双拥工作凝聚人心的优势和军政军民团结的强大力量，在加快经济社会发展中，积极探索军民结合、寓军于民的发展路子，实现经济、科

技、教育、人才等各个领域的军民融合,促进国防建设与经济建设协调发展。

二是构建社会主义和谐社会对双拥工作提出了新要求。社会主义和谐社会需要最大限度地促进各种社会关系的和谐。军政军民关系是政治性很强的社会关系,对社会和谐起着至关重要的作用。实践充分证明,双拥工作做好了,军政军民团结的巨大作用得到充分发挥,不仅可以为经济社会发展提供强大动力,而且可以为构建社会主义和谐社会提供可靠的政治保障。这就要求双拥共建工作必须着眼于促进我市物质文明、政治文明、精神文明和社会文明建设,军地思想工作联做,普法教育联抓,社会治安联防,矛盾纠纷联解,共建一地,平安一方,为创建平安××作出积极贡献。

三是纷繁复杂的国际国内局势对双拥工作提出了新要求。当今世界,和平与发展仍然是时代的主题,但天下并不太平,影响和平与发展的不稳定因素仍然很多,霸权主义、强权政治依然存在……在国内,我国正处在经济体制深刻变革、社会结构深刻变动、利益格局深刻调整、思想观念深刻变化的历史时期,涉及军民切身利益的热点、难点问题明显增多,影响军政军民团结的因素有所增加,维护社会和谐稳定的任务更为艰巨。从这个意义上讲,加强军政军民团结,直接关系国家安全和社会稳定,关系现代化建设的顺利进行。

四是国防和军队现代化建设对双拥工作提出了新的要求。在新的历史条件下,我国的国防和军队现代化建设正处于关键时期。提高军队的信息化建设水平,谋求"打赢"能力是我军建设的根本出发点和落脚点。这就要求双拥工作必须紧紧围绕为国防和军队现代化建设服务,全力做好拥军支前工作,由传统的拥军方式向智力拥军、科技拥军、文化拥军转变,为促进军队建设的跨越式发展作出应有的贡献。

五是继续争创全国双拥模范城对双拥工作提出了新的要求。我市成功实现全国双拥模范城"六连冠",这对今后的创建工作奠定了良好的基础。但是,我们必须清醒地看到,创建全国双拥模范城的标准越来越高,难度越来越大。我们必须认真总结经验,查找差距和不足,发扬成绩,再接再厉,把双拥工作推向一个新的水平。我们一定要从全局和战略的高度,深刻认识我市双拥工作面临的新形势、新任务,以高度的政治责任感和历史使命感,进一步把双拥工作抓紧抓实抓好。

二、把握重点,不断开创双拥工作新局面

面对新形势、新任务对双拥工作提出的新要求,我们必须认真研究新思路,制定新举措,突出抓好重点工作的落实,不断开创双拥工作的新局面,为推动经济社会发展和军队现代化建设提供有力保障。

一是要继续深入开展以爱国主义为核心的国防和双拥宣传教育。爱国主义是一个民族的精神支柱。国防意识是爱国主义的重要内容,是民族精神的重要体现。要广泛开展以爱国主义为核心,以拥军优属、拥政爱民光荣传统为重要内容的国防教育,不断增强广大军民的国防观念和双拥意识。广大人民群众要牢固树立"没有一个人民的军队,便没有人民的一切"的思想,把支持国防和军队建设作为每一个公民义不容辞的责任。全体驻××官兵要牢固树立"军队打胜仗、人民是靠山"的思想,充分认识人民军队源于人民、服务人民的本质。全市每一个市民、每一个驻××部队指战员,都要把为双拥工作尽一份责任、出一份力量作为自己的无上光荣,使人民军队和人民群众始终保持血肉相连的亲密关系。

二是要继续动员组织驻××部队积极参与和支持地方经济社会发展。参与和支持地方建设,是驻××部队的优良传统。多年来,驻××部队官兵在支援经济建设、大搞生态建设、实施重点工程、开展扶贫帮困、参加抢险救灾等方面,做了大量卓有成效的工作,为××的发展作出了无私奉献。当前,我市正处于全面建设小康社会的关键时期,深入落实党的十七大精神,落实市第五次党代会和市五届人大、政协一次会议确定的发展目标,促进经济社会又好又快发展,既需要全市各级干部和广大群众的努力,也离不开驻××部队官兵的积极参与和支持。希望驻××部队一如既往地坚持和发扬拥政爱民的光荣传统,积极投身军地军民共建,在加快××发展中再立新功。要充分发挥部队的集团优势,围绕发展现代农牧业,增加农牧民收入,推进新农村新牧区建设,

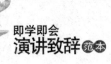

广泛开展科技、文化、卫生等形式的扶贫帮困活动，积极为农牧民群众办实事、办好事。充分发挥部队战斗力、突击力强的优势，主动承担和完成各种急难险重任务，进一步密切军队和人民同呼吸、共命运、心连心的鱼水感情。充分发挥部队的职能优势，积极参与社会治安、打击刑事犯罪和应对突发事件工作，为我市经济社会发展创造安全稳定的环境。

三是要全力支持部队做好军事斗争准备。各级政府和各部门，要从提高部队战斗力的实际需要出发，把支持国防和军队建设、推进军事斗争准备作为重要政治责任，广泛开展科技拥军、法律拥军、文化拥军等活动。要立足平时、着眼战时，把双拥工作重心转向服务军事斗争准备。要大力支持重点军事工程建设，做好部队施工、演习中的群众疏导和物资供应等工作，协助部队搞好生活设施、训练设施建设，改善战备、执勤和训练条件。要建立健全人民群众支前机制，结合部队训练演习等大的军事行动，组织人员进行支前演练，为部队完成任务提供有力支持。要认真落实好拥军优属的各项政策，下大力做好军转干部、城镇退役士兵安置、随军家属就业、军人子女入学入托等关系到官兵切身利益的工作，解除广大官兵的后顾之忧。

四是要继续开展更高水平的全国双拥模范城创建活动。开展创建全国双拥模范城活动，是新形势下双拥工作的一个创举，是增进军政军民团结的重要途径。我市能够获得全国双拥模范城"六连冠"，这是全市军民多年来共同努力的结果。取得荣誉难，保持荣誉更难。各级党委、政府，各地区、各部门要以更高的标准做好工作，深入持久地开展双拥模范城创建活动。要认真研究双拥工作中出现的新情况、新问题，在抓经常性、基础性、群众性的双拥创建工作方面下功夫，建立健全双拥工作长效机制。要坚持以基层为重点，从解决实际问题抓起，促进双拥工作的落实，进一步形成以创建全国双拥模范城为抓手，广大军民积极参与，多种形式相互促进的双拥工作格局。要坚持创建活动的正确方向，注重工作质量和效益，把功夫下在平时，把标准定在帮助军民解决实际问题上，扎扎实实做好工作，在全社会掀起新的创建热潮，争创全国双拥模范城"七连冠"，推动双拥共建活动广泛深入开展。

三、加强领导,为双拥工作深入健康开展提供组织保障

做好双拥工作,事关国家长治久安、事关民族兴旺发达、事关人民幸福安康。各级党委、政府和驻××部队领导机关,要切实把双拥工作纳入总体规划,摆上重要议事日程,加大协调力度,动员各方面的力量,形成齐抓共管的工作合力。

要进一步健全组织机构。双拥办是双拥工作的组织领导机构,是开展双拥工作的纽带和桥梁。各级党委、政府和军队领导机关要本着对国家和军队建设高度负责的精神,进一步关心和支持双拥办建设,健全机构,充实力量,保证工作正常开展。要下大力气抓好双拥队伍建设,采取多种形式,不断提高双拥队伍的思想业务素质和实际工作能力。要不断加强对双拥工作的研究,总结工作经验,创新活动形式,增强工作实效。

要进一步落实责任。双拥工作领导小组各成员单位要切实把双拥工作作为本部门、本单位的一项重要职责,与业务工作统一规划、统一部署,做到任务落实、责任落实、措施落实。要通过落实责任,推动工作开展。要认真执行国家有关政策法规,依法依规解决双拥工作中遇到的实际问题。

要进一步完善制度。继续坚持党委议军会、军地联席会、走访慰问等行之有效的工作制度,实行双拥工作领导小组成员单位年度工作汇报制度,形成各级各部门重视双拥工作的良好氛围。建立健全双拥工作联络员制度,各成员单位要确定专门的双拥工作联络人员,确保双拥工作关系协调、渠道顺畅,共同把双拥工作做好。

同志们,搞好双拥工作意义深远,责任重大。我们一定要认真贯彻落实党的十七大精神,贯彻落实科学发展观,进一步统一思想,提高认识,开拓创新,扎实工作,不断巩固和发展军政军民团结,努力把我市的双拥工作提高到一个新水平。

范例 4　抢险救灾慰问演讲致辞

在庆祝教师节暨抗震救灾先进典型表彰大会上的讲话

×××

（20××年×月×日）

今天，我们在这里隆重集会，庆祝第××个教师节。这次教师节，我们特别表彰了全国教育系统抗震救灾英模和先进典型。刚才，听了几位同志的发言，很受感动、很受教育。在这场特大地震灾害中涌现出的优秀教师和教育工作者可歌可泣的英雄壮举和感天动地的崇高精神，集中体现了新时期人民教师的光辉形象和高尚师德，体现了伟大的抗震救灾精神。借此机会，我代表党中央、国务院，向全国的教师和教育工作者致以节日的祝贺！向出席今天大会的各位代表，向受到表彰的教育系统抗震救灾先进典型和灾区广大教师、教育工作者，致以最崇高的敬意！

今年 5 月 12 日，四川汶川发生了特大地震，这是新中国成立以来破坏性最强、波及范围最广、救灾难度最大的一次地震，给人民生命财产造成了重大损失。党中央、国务院心系灾区、坚强领导，举全国之力开展了我国历史上救援速度最快、动员范围最广、投入力量最大的抗震救灾斗争，并夺取了重大胜利，谱写了中国人民自强不息、团结奋斗的英雄凯歌，展示了中华民族"万众一心、众志成城，不畏艰险、百折不挠，以人为本、尊重科学"的伟大抗震救灾精神。事实雄辩地证明，中国共产党是中国人民的中流砥柱，中华民族是伟大而坚强的民族，中国特色社会主义制度具有巨大优越性和旺盛生命力。有这样的党，有这样的制度，有这样的民族，没有什么困难可以阻止我们前进的步伐！

地震灾害造成师生伤亡惨重，牵动着党中央、国务院和全国人民的心。

胡锦涛总书记、温家宝总理等中央领导同志多次作出重要指示,要求不惜一切代价、尽最大努力搜救孩子和群众。并多次亲自前往灾区的学校、帐篷课堂看望慰问广大师生员工,实地了解灾区学校受灾情况,指导部署救灾工作,协调有关部门为灾区恢复教育教学秩序提供各种便利条件。"六·一"前夕,胡锦涛同志前往陕西省宁强县看望了在简易防震棚内复习功课的学生,并亲笔题写了"一方有难,八方支援,自力更生,艰苦奋斗",勉励广大灾区少年儿童在今后的学习生活中继续自强不息、奋发努力,向党、向祖国、向人民交出优异的答卷。温家宝总理在北川中学的黑板上写下了"多难兴邦",鼓励同学们要有信心、勇气和力量,学好本领、克服困难,更好、更快地成长。这些充分体现了党和政府对广大师生的亲切关怀,也为教育系统抗震救灾提供了强有力的领导保障。

面对突如其来的巨大灾难,灾区教师和广大教育工作者恪尽职守,顽强拼搏,奋战在抗震救灾第一线,经受了大灾的严峻考验,以自己的鲜血和生命践行了人民教师的神圣职责,体现了对人民教师崇高职业的无限忠诚,诠释了人民教师的高尚师德。今天受表彰的 70 位同志就是其中的优秀代表。

广大教师舍生忘死、奋不顾身,用血肉之躯保护学生生命,展现出大无畏的英雄气概和牺牲精神。在生死瞬间,英雄教师毅然决然把生的希望留给学生,把危险留给自己。有的为学生挡住倒塌的水泥板,有的用身体护卫着课桌下的学生,有的牺牲时手臂仍抱紧孩子,有的多次出入险境救助学生,他们用生命为学生打开逃生之门。他们之中,有年近花甲的长者,也有刚参加工作的新人,有的才新婚不久,有的才初为人父母。我们永远都不会忘记他们!

广大教师舍己为人、舍家为校,全力抢救和照料危难中的学生,展现出对学生的大爱之心和忘我精神。在与死神争分夺秒的斗争中,很多老师抢救学生在先,而未及救助自己的亲人。有的老师强忍失去亲人的悲痛,坚持奋战在抢救幸存师生的一线。有的不畏艰险,带领学生翻山越岭转移至安全地区。在组织学生自救的过程中,许多老师舍不得喝一口水,吃一口饭,把最好的食物和床铺留给学生,把信心和力量带给学生。我们为有这样的老师而感动!

广大教师坚守岗位,忠于职守,积极投身灾后重建和恢复教学,展现出高尚的职业操守和敬业精神。许多老师在自家房屋倒塌、家人无人照顾的情况下,仍没有离开工作岗位,恪守教师职责,为学生搭建遮风避雨的帐篷,设立临时课堂,组织复习迎考。他们积极开展灾区学生的心理援助和健康教育,以言传身教鼓舞学生抚平悲伤、战胜困难。有的老师在灾难中挺过来,却为了更好地照顾学生而累倒了。在党中央、国务院和全国人民的大力支持下,经过灾区广大教师的不懈努力,灾区的孩子没有掉队,灾区的学校9月1日迎来了全面复课。我们为有这样的老师而骄傲!

广大教师高度信赖党和政府,众志成城,和衷共济,展现出优良的政治素质和团结互助精神。灾区教育系统认真贯彻党中央、国务院的要求,紧急动员,积极部署,迅速投入抗震救灾。各级党组织充分发挥战斗堡垒作用,领导干部充分发挥骨干带头作用,广大共产党员充分发挥先锋模范作用,极大地鼓舞了灾区师生的斗志和勇气。广大教师自觉响应党和政府的号召,心往一处想,劲往一处使。全国教育系统发扬"一方有难、八方支援"的优良传统,始终与灾区人民坚守相助,通过多种形式积极支援抗震救灾。教育战线不愧是一支能打硬仗的队伍!

爱与责任见证师德,热血和生命铸就师魂。老师们的英雄壮举在全社会产生了极大反响,赢得了高度赞誉,在人民心中矗立起令人景仰的巍巍丰碑。生死关头,英雄教师作出的超乎本能的高尚抉择,不是一时的冲动,而是长期师德建设积淀的自觉行动,是教书育人、为人师表的高尚师德的升华和迸发。这次受到表彰的先进典型,是灾区英雄教师和英雄集体的杰出代表,是全国广大教师和教育工作者学习的榜样。今天我们在这里隆重召开表彰大会,就是要更广泛、更深入地学习宣传教育系统抗震救灾先进典型的优秀事迹,进一步彰显新时期人民教师的高尚师德,在全社会大力弘扬人民教师的崇高精神。我们要学习英雄教师生死关头临危不惧、舍生忘死的英勇献身精神,学习英雄教师危难时刻以学生为本、恪尽职守的高度负责精神,学习英雄教师大灾面前不屈不挠、迅速投身重建校园的自强不息精神,学习英雄教师万众一心、众志成城的团结奋斗精神。这是一笔从灾难中得来的宝贵精神财富。各级教育行政部门和各级各类学校要把教师们的英雄事迹作为师德教育的鲜活教材，把在抗震救灾斗争中锤炼和展示的好思想、好作风、好精神长期坚持下去，不断发扬光大，使之成为灾区学校恢复重建和推动教育改革发展的强大精神动力。

　　经过半个多世纪的艰苦奋斗特别是改革开放 30 年的蓬勃发展，当前我们国家正处于一个新的历史发展起点上。教育兴则国家兴。在实现中华民族伟大复兴的征程中，教育具有举足轻重、不可替代的作用。面向未来，我国教育事业既面临着前所未有的好机遇好条件，也面临着前所未有的新挑战新任务。我国是具有 5000 年悠久历史的文明古国，中华民族具有尊师重教的优良传统，教育事业发展具有良好的社会环境；新中国成立以来特别是改革开放 30 年来，我们建立了符合我国国情和人民根本利益的教育制度和方针政策，走出了一条中国特色社会主义教育发展之路，教育事业取得了举世瞩目的伟大成就，实现了历史性的跨越，极大地提高了国民整体素质和科学文化水平，为现代化建设培养了一批又一批优秀人才，为教育事业发展打下了坚实的基础；党的十七大提出了优先发展教育、建设人力资源强国的任务，要求教育要为建设创新型国家和全面建设小康社会作出新贡献，为教育事业发展指明了前进方向；最近国务院正在研究制订到 2020 年教育改革与发展规划纲要，对未来 12 年教育改革与发展的若干重要问题进行部署，将为教育事业发展描绘新的蓝图。同时我们也要看到，教育事业的发展与经济社会发展和全面建设小康社会的要求、与建设创新型国家和人力资源强国的需要、与人民群众的期盼还有较大差距，教育领域还存在着不少亟待解决的问题，教育工作还需要进一步加强和改进。我们要按照党的十七大的要求，深入贯彻落实科学发展观，全面实施科教兴国战略和人才强国战略，把教育放在优先发展的战略地位，以更大的决心、更多的财力支持教育事业，财政资金要优先保障教育投入，公共资源要优先满足教育和人力资源开发需要，把我国教育事业发展提高到一个新的水平。现在，新学期已经开始，教育系

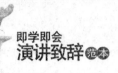

统一方面要抓好灾区学校恢复重建工作,保证复课后的教学质量。另一方面要抓好教育改革和发展,落实好党的十七大的各项要求和《政府工作报告》提出的各项任务,增强责任感和紧迫感,不断创造教育工作的优异成绩。

办好教育希望在教师,要把加强教师队伍建设作为推动教育改革与发展的关键举措,进一步形成尊师重教的良好社会风气。教师是教育事业的第一资源,也是国家发展的重要战略资源。没有高水平的教师就没有高质量的教育,就没有高质量的人才。我国教育人口约为 2.6 亿人,教师和教育工作者约为 1600 万人。长期以来,广大教育工作者特别是人民教师,艰辛探索,辛勤耕耘,默默奉献,为教育事业发展和进步付出了大量心血和毕生精力,为祖国富强和民族振兴作出了卓越贡献。尊师重教是我们党和政府的一贯方针。特别是近年来,党和政府把教师队伍建设摆在教育工作的突出位置,实施城镇教师支援农村教育、农村学校教师特设岗位计划、高等学校高层次创造性人才计划、职业学校"双师型"教师培养、师范生免费教育试点和学校人事分配制度改革等重大举措,取得了显著成效。去年教师节之前,胡锦涛总书记在全国优秀教师代表座谈会上发表了重要讲话,强调必须高度重视并切实加强教师队伍建设。我们要进一步深入学习贯彻总书记讲话精神,认真落实《教师法》的规定,建设一支高素质教师队伍,培养和造就出一批优秀教育家。要投入更多的精力,采取更加切实有力的措施,保障教师的政治地位、社会地位,提高教师的待遇和收入水平,维护教师合法权益,使教师成为最受人尊重的职业。要加大教师培养的力度,鼓励优秀人才从事教育工作,提高农村教师队伍素质,使教师成为最能吸引人才、留住人才的职业。要营造良好社会舆论氛围,大力宣传优秀教师先进事迹,推动社会尊重教师创造、支持教学创新,让尊师重教蔚然成风,使教师成为全社会最光荣的职业。

教师最重要的素质是师德,要把师德建设放在教师队伍建设的首位,努力建设一支受学生爱戴、让人民满意的教师队伍。师德是教师职业的灵魂,是否具有高尚的师德,是教师队伍建设成败的最重要的衡量指标。我们要以大力宣传抗震救灾斗争中涌现出来的模范事迹为契机,进一步加强和改进师德建设。要突出思想政治教育，提高教师的职业道德水平。要坚决克服教师队伍中的不正之风，净化校园风气。要把师德作为重要内容，纳入教师的考核评价范围，建立健全师德建设的长效机制。广大教师要把崇高师德内化为自觉价值追求和行为取向，自尊自励，自警自省，真正做到学高为师、德高为范。在第24个教师节来临之际，我想提四点希望，与大家共勉：

第一，做学生健康成长的指导者和引路者。好的教师就像一盏明灯，温暖着孩子的心灵，照亮着孩子前进的道路。希望广大教师热爱教育事业，珍爱教师的光荣称号，以人为本，关爱学生，以满腔热情育人，开启学生智慧，陶冶学生情操，挖掘学生潜质，鼓励学生创造，真正成为学生尊重和信赖的良师益友。

第二，做科学知识的传播者和创造者。传授知识、传承文明，是人民教师的神圣职责。希望广大教师刻苦钻研学问，拓宽学术视野，更新知识结构，不断提升教学质量和科研水平，增强教书育人的本领。要树立高尚的职业理想，切实承担教育者的社会责任，培养严谨求实的治学风气和勤勉扎实的工作作风，为学生树立榜样。

第三，做教育改革创新的倡导者和实践者。在新的起点上开创教育工作的新局面，必须用好解放思想这一法宝，推动教育改革创新。希望广大教师牢固树立改革意识，积极投身教育改革实践，勇于探索，开拓进取，推动教育理念创新、教学方法创新和人才培养模式创新，在改革创新中破解教育发展难题。

第四，做良好社会风气的引领者和带动者。人民教师学为人师，行为世范，不仅是学生的表率，也应成为社会的表率。希望广大教师带头坚持社会主义核心价值体系，践行社会主义荣辱观，弘扬伟大的抗震救灾精神和奥运精神，传承中华民族传统美德，倡导社会文明新风。要树立高尚的精神追求，耐得住清苦，耐得住寂寞，甘为人梯，乐于奉献，以自身的模范行为影响社会。

各位老师，同志们，教师是人类灵魂的工程师，教育事业是值得为之奋斗终生的事业。让我们紧密团结在以胡锦涛同志为总书记的党中央周围，高

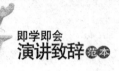
举中国特色社会主义伟大旗帜,坚持以邓小平理论和"三个代表"重要思想为指导,深入贯彻落实科学发展观,兢兢业业,埋头苦干,为推动教育事业又好又快发展、办好人民满意的教育作出新的更大贡献!

范例 5　慰问受灾、困难人员演讲致辞

在看望下岗和困难职工家庭时的讲话(摘要)

×××

(20××年×月×日)

党和政府非常关心下岗和困难职工家庭,今天市委、市政府的领导和城区、街道、工厂的领导专程来看望大家,看看大家有什么困难和问题需要党和政府解决,有什么意见和建议向党和政府提出。在春节到来之际,传达党和政府的关心,表示亲切的慰问,祝大家新春愉快。

党中央、国务院倡导的下岗分流、减员增效、实施再就业工程,是社会主义市场经济的一个重要机制。这个机制建立了,并坚持下去,国有企业才有希望搞活。下岗职工、困难企业的困难职工和离退休人员在历史上为国家作出过贡献,现在,在企业改革和结构调整过程中,部分国有企业、部分职工和下岗职工遇到了一些暂时的困难,各级政府和政府各部门都应该给予困难职工更多的关心和帮助,切实解决他们的实际困难。

对减下的人员必须保障他们的基本生活,并创造条件帮助他们逐步实现再就业。只有这样,社会才能稳定和谐,国有企业才能扭亏增盈,国家才能兴旺发达。各级党委和政府要采取有力措施,制定和保证各项优惠政策的落实,千方百计扩大就业。

关心群众疾苦,关心下岗和困难职工生活,帮助他们解决实际困难,不断提高人民生活水平,是实践"三个代表"重要思想的重要体现,是各级党

委、政府和领导干部的政治职责,也是我们一切工作的出发点和落脚点。这些年尽管我市城乡人民的生活有了明显改善,但仍有部分群众的生活比较困难,我们一定要高度重视。对于困难企业的困难职工和下岗职工,全社会都要关心和支持,形成良好的社会风气。各级党委、政府要把帮助下岗和困难职工解决实际问题摆上重要议事日程,作为重要工作来抓紧抓好。当前,要把帮助生活困难的群众过好春节作为一件大事来抓,认真解决实际问题,把党和政府的关怀和温暖送到千家万户,做到不让一家一户过不去,让全市人民过一个欢欢乐乐、火火暴暴的新春佳节。各级领导干部要改进工作作风,深入基层,深入群众,切实为下岗和困难职工办实事、做好事。确保国有企业下岗职工基本生活和离退休人员养老金按时足额发放,是我们的一条基本政策。各级党委和政府必须不折不扣地贯彻执行。各级地方财政要在预算中优先打足国有企业下岗职工基本生活保障资金。各级工会建立健全特困职工生活档案,及时掌握和反映他们在实际生活中发生的新的困难,并力所能及地给予帮助,不使一户特困职工因生活过不去而发生意外。要切实做好优抚和社会救济工作,深入开展送温暖活动。要发扬中华民族的优良传统,动员社会各方面的力量,关心、帮助困难群众,努力在全市形成互帮互助、扶贫济困的良好风气。

实现再就业,解决职工困难,政府帮助很重要。但关键还在职工自身。社会就业岗位十分宽广,下岗职工只要转变择业观念,解放思想,提高认识,不等不靠,敢于走出去,再就业的路子就宽了。国有企业下岗职工是国家的宝贵财富。希望下岗职工勇敢地走出去,发挥自身才干,实现再就业,干出一番事业,为全市的经济发展作出贡献。

我们相信,有党中央的坚强领导,各级党委、政府的关心帮助,有优越的社会主义制度,有改革开放以来国家积累的雄厚物质基础,有"一方有难,八方支援"的民族传统美德,下岗和困难职工的问题一定能解决好,下岗和困难职工的生活一定能不断改善,一天一天地好起来。

祝大家春节愉快,全家幸福。

第五节　婚礼上的演讲致辞

撰写要领

一、婚礼上演讲致辞的概述

婚礼祝词,是指在结婚庆典上向新郎新娘表示祝贺的言辞。

二、婚礼上致辞的写作要领

1.话语一定要诙谐。在婚礼的喜庆场合,越热闹,越热烈,越有趣,新人就越感到高兴和幸福。因此,祝词人在祝词时,话语一定要诙谐幽默,给喜庆的气氛添彩。

2.言辞要短小精悍。短小精悍的祝辞会让人感到轻松。因为参加婚礼的人还等着喝酒庆祝,没有人喜欢听长篇大论的"报告"。

3.言语得体,具有时代感。婚礼上致辞是有时代特征的,致辞人的语言要适应这种特征,也就是说,婚礼上致辞的语言要得体,具有时代感。

❀ 范文经典 ❀

范例① 结婚典礼上的演讲致辞

结婚典礼上的领导讲话

×××

（20××年×月×日）

朋友们：

大家好！

男人与女人是天空和大地，青山和绿水。在现实中，婚姻是一种实实在在的生活，它和人的情绪，心境，以及不可避免的琐事纠缠在一起，时常把人的注意力引入鸡毛蒜皮的小事之中，而忽略了内在的意境和情调。

有人把婚姻比做坟墓，在婚姻中受挫和苦苦挣扎，问题并不出在婚姻上，而出在人对婚姻的态度上。

有人说，婚姻好似一架破马车，要承载生活的所有行囊，并且要在拥挤的路上不停地奔跑；婚姻更像一个垃圾站，每个人在外面捡拾的各种情绪垃圾都携带回家堆放。于是，人们习惯把不幸和痛苦归结为婚姻，把灾难和失败归结为婚姻，这样一来，婚姻就成了名副其实的坟墓。

有关"婚姻是爱情坟墓"的说法，一直影响着人们对待婚姻的态度。尤其是在婚姻中遇到挫折和不幸的人，不断现身说法来提供佐证，于是，这一说法便成为"名言佳句"了。

如果一定要用比喻的方式来探讨婚姻，我觉得婚姻是真正的双人舞。一对男女携手步入舞池，在同一首乐曲中起舞，领舞者是男人，不断花样翻新跳出亮点的却是女人。男人的动作比女人少，但男人的力度比女人大，没有

243

男人的保护，纵然女人有千般变化也跳不出精彩绝妙之舞。因为惊险的大幅度的跳跃表演需要以安全为前提，因为托举的表演需要坚实稳定的底座。跳舞如此，婚姻亦然。

决定舞蹈跳得优美与和谐的先决条件，不是跳舞的技巧，而是对音乐的感觉和不断自我调整的能力。在进入婚姻之前，谁也没有接受过专门的学习和训练。也就是说，婚姻是一门需要学习的新课程，就像第一次进舞场的一对舞伴，不但要倾听音乐的变化，还要学习独自的舞步和双人合作的动作，以及随时跟随音乐不时地调整自己的步伐。乐队的乐曲自由变换，突然由慢三步舞曲切换为快四步舞曲，或者伦巴和探戈，舞蹈者如果反应迟钝，或反应太快，就免不了舞步出错，或相互踩脚，出现暂时的不和谐与混乱，或别扭或冲撞。跳舞如此，婚姻也如此啊！

在婚姻舞蹈中，音乐就是流淌变化的生活，生活经常会演奏意想不到的变奏曲，比如男人升迁，女人下岗；再比如男人失败了，女人成功了等不可预想的变化，这些变化如同舞池乐队突然换了一个曲目，而舞蹈者一时踩不准节拍，脚步自然要出现混乱。

一个女人在叙说自己不幸的婚姻时说：

"我们的不和谐就像两个不会跳舞的舞伴，谁也不关心音乐，只关心怎么支配对方，纠正对方的错误之处，经常因互相踩脚而不停地埋怨。还没等一首曲子完了，彼此就厌倦了，天天重复这样的舞蹈，谁还有跳下去的快乐呢？"这个女人说出了婚姻不和谐的秘密所在——支配对方，不停地纠正对方错误的愿望太强烈了，强烈得忽略了生活该有的快乐。两个人都想主动领舞，那舞步必然要大乱。领舞是主动者，可以支配对方，然而，如果领舞者支配对方的意志和力量压过音乐，彼此之间就无法体会跳舞的优雅与快乐，这就是婚姻不快乐的原因。因为当两个人都想领舞的时候，舞步不但不优美，还会相互踩脚，因踩脚而相互埋怨，因相互埋怨而失去快乐，因没有快乐，最后不得不退出舞场。有些婚姻不就是这样解体的吗？

双人舞是以男人为轴心，准确地说是以男人为圆点，以女人为半径，尽情地画圆。女人可以围绕着这个轴心任意创造和表演,因为有男人的安全保护,女人可以自由放松地表演。如果没有男人做托举、提拉等大幅度的安全保护动作,任女人有千般变化,万般变数,也不可能跳出精彩优美的舞姿。因为女人在没有安全感的情况下创造力等于零。婚姻不可能是独舞,一方尽情地跳,而另一方在看台上鼓掌,甘心做欣赏者和观众。因为婚姻是两个人的舞蹈,不能没有交叉和步伐的变化,不能不随着曲子的节奏而变换调整姿势和脚步。

婚姻是一种持续的联系,但在联系中又充满变化,有独立的舞步,有双人和谐的舞姿。重要的不是两个人怎样跳。而是两个人的心灵怎样领会和感受生活的变化和旋律。心灵如果变得僵硬粗糙,灰暗冷漠,不管曲调怎样变化,舞步和姿势都依然无法优美舒展。

双人舞的精彩之处在于两个人的默契与和谐,但默契与和谐是需要长时间苦练的。彼此都应有强烈的学习和提高自己的愿望,如果有一方努力苦练,而另一方原地不动,那么双人舞就变成单人舞了。在婚姻双人舞中,如果两个人没有相同的学习和调整自己的强烈动机,也没有共同提升和创新的愿望。它的容忍度就降低了,耐心也有了限度,更不用说创新了。所以,双人舞的舞者要学会宽容与忍耐,因为只有这样,舞姿才能优美,舞步才能和谐。

亲爱的朋友们,带好你的舞伴,在婚姻的这个殿堂里尽情舞蹈吧!

范例 2 婚礼来宾演讲致辞

婚礼上的来宾致辞

×××

(20××年×月×日)

今天,阳光绚美,天上人间共同舞起了美丽的霓裳。今夜,星光璀璨,多

情的夜晚又增添了两颗耀眼的新星。新郎×××先生和新娘××小姐，情牵一线，踏着鲜红的地毯幸福地走上了婚姻的殿堂，从此，他们将相互依偎着牵手撑起一片爱的蓝天。我作为他们的同学，也是两人从小到大的朋友，此时也激动不已，幸福不已，欢喜不已。

十月一日，一个特别吉祥的日子。天上人间最幸福的一对将在今天喜结良缘。今天，西班牙王储费利佩正式迎娶他美丽的平民新娘。此时，××先生也与西班牙王子一样，幸福地拥有了人间最美丽的新娘。我说，其实最幸福的当属我们眼前的这两位了。他们青梅竹马、两小无猜，从小到大不曾分开。幼时牵手走进军中幼儿园，儿时牵手走进小学校园，少男少女时牵手走过初中和高中，长大了又双双考进了同一所重点军事院校，两人在长辈的呵护下，一帆风顺牵手走过了26个春夏秋冬。他们是天注姻缘，是最幸福的一对，今天的大典之后他们将永远牵手，一起走到夕阳红霞耀满天。

在激动、幸福、欢喜的时刻，我诚心地对新郎新娘说：我们身为军人，同时又都是军人的后辈，无论何时都不可忘记祖国之重托，今后的路还很长，让我们一如既往，以祖国为重，用我们的脊梁同千千万万个脊梁一道筑起坚不可摧的钢铁长城。

自从离开家乡，我们就很难见到爹娘，不是我们不爱，而是爱得更深，爱得更广，爱得不同凡响，我们会用报效祖国的一片赤诚回报我们的爹娘。祖国需要我们，人民也需要我们，为了国家和人民的安宁，为了天下所有爹娘的幸福安康，请相信我们的新郎和新娘，一定会继续努力。比翼双飞，让美丽的风采在绿色军营镌绣幸福、吉祥和辉煌。

有一句话是这样说的：拥抱新郎，喜气洋洋，拥抱新娘，吉祥满堂。最后，请允许我代表各位来宾热烈地拥抱新郎和新娘，让我们在座的每一位都同沾喜气、共享吉祥！

谢谢大家！

范例 3 集体婚礼上的演讲致辞

在县集体婚礼上的祝词

×××

（20××年×月×日）

尊敬的各位新娘、新郎和全体嘉宾们：

今天，县委宣传部在这里为 6 对佳人举行集体婚礼，在此，让我代表县政协向你们表示祝贺！

今夜的月亮格外圆，圆了新娘新郎的幸福梦，圆了他们的心，圆了他们的情！

今夜的星星格外亮，亮出了牛郎织女的天姿国色，亮出了吴刚嫦娥的国色天香！

今夜的风轻轻地吹，吹来了一阵阵香，吹来了一阵阵歌，吹醉了一对对情侣，吹开了一扇扇恋人的情怀！

今夜的酒，美美地品，品乐了一对对鸳鸯鸟，品笑了一朵朵并蒂莲，品红了新郎的脸，品醉了新娘的心。

看，那貌若天仙的新娘们，个个豪情满怀，有的像西施，正酝酿着祖国团圆的大计；有的像穆桂英，正立下报效祖国的壮志；有的像韩素英，正准备着全力支持丈夫工作；有的像李素丽，正考虑着如何全心全意地为人民服务！

啊，那新郎们在窃窃私语，他们说：我爱妻子，我爱家庭，我爱祖国。他们说：今夜是新郎，明天是模范丈夫！

新娘、新郎们脸为何这般的红？因为他们都有一颗红亮的心，这红亮的心是对父母的孝心，对事业的诚心，对祖国的忠心！

新娘、新郎们在手挽着手、肩并着肩、心贴着心、情连着情。他们在心底

里发出了一个共同声音:互敬互爱、互帮互学、比翼双飞!

　　新娘、新郎们在一次次地拥抱着,拥抱起夫妻美好的明天!拥抱起祖国美好的未来!

　　谢谢!

范例4　朋友结婚庆典上的演讲致辞

在朋友结婚庆典上的贺词

×××

(20××年×月×日)

各位嘉宾,各位朋友:

　　今天,我们欢聚在这里,共同庆祝×小姐、×先生的结婚典礼,感到无比的荣幸和由衷的喜悦。我谨代表今天到场的所有嘉宾祝新郎新娘新婚愉快、幸福美满!

　　×小姐和×先生初识于美丽的大学校园。他们一位是稳重有加、气质高雅;一位是风姿绰约,端庄娴美。在紧张的学习之中,是共同的爱好和志趣使他们走到了一起,正所谓一个有意,一个有情,沐浴在阳光下,漫步在校园中,他们一同携手踏上了爱之方舟,一起徜徉在爱河里。在爱的旅程中,×小姐和×先生你追我赶,配合默契,终于在这样一个美丽的季节,这样一个美好的日子,到达爱的彼岸,安全登陆并胜利会师了。我们怎能不被他们动人的爱情故事所深深地陶醉,为这样一对才子佳人的结合而由衷地喝彩呢!

　　×小姐、×先生,从今天起,你们就拥有了自己的天地。在爱的小巢里,尽情享受生命所赋予你们的幸福的权利和生活所带来的美好。希望你们在共同的生活中,互相帮助,共同进步。真正做到恩恩爱爱、甜甜蜜蜜、双剑合璧、笑傲江湖!在这里,我们还有一副对联送给你们:

上联是:同学又同心,才子佳人喜结良缘

下联是:同志又同德,事业家庭两全其美

横联是:同心同德

朋友们,让我们举起杯,为×小姐、×先生同心同德、喜结良缘,为新郎新娘的幸福干杯吧!

第六节　吊唁演讲致辞

撰写要领

一、吊唁演讲稿的概述

吊唁演讲稿，是领导干部在追悼大会上对死者表示敬意与哀思的专用讲话稿。它有广义和狭义之分。广义的吊唁演讲稿指向死者表示哀悼、缅怀与敬意的一切形式的悼念性文章，狭义的吊唁演讲稿专指在追悼大会上对死者表示敬意与哀思的宣读式的专用哀悼的文体。

二、吊唁演讲稿的写作要领

1.表达对死者的离世十分沉痛的心情；概括地对死者进行评价；交代何年何月何日因何原因，与世长辞，享年多少岁。

2.介绍死者生平事迹，主要介绍死者的籍贯、身份、家庭情况，参加工作时间，一生中所做的工作和对人民的贡献。要写得具体、概括、突出重点。

3.对死者的评价，对死者一生的为人，对国家、对社会、对人的高贵品质，思想作风进行综合评价。

4.表明×××的去世，是一种损失，现在悼念他，是勉励到会同志学习他那些高贵品质，为国家、为社会作贡献。

❧ 范文经典 ❧

范例 1 在追悼会上的悼辞

在××追悼会上的悼词

×××

（20××年×月×日）

××家属、各位来宾：

今天，来自五湖四海，来自世界各地的朋友，怀着沉痛的心情来缅怀一位共同的朋友——××。

20××年×月×日，××在××度假期间，因一次突然也非常偶然的意外，离开了我们。

我们，作为××身边的同事与朋友，无不为此感到悲伤欲绝。但此消息一公布后，我们不仅收到了来自××的工作单位——百度员工无数的怀念信息，我们还收到了来自世界各地，社会各界，以及××几十年历程中所交往与接触的同学、同事、朋友的怀念信息，人们以那样真切的心情来怀念他。这位热情、开朗、率真，总是对生活充满信心，总是对工作充满智慧，总是对同事与朋友充满热诚，总是以灿烂的微笑面对所有人的阳光男孩，是那样地受到人们的欢迎与爱戴。

××的生命仅仅经历了××年，这太短暂了，天妒英才，令人扼腕痛惜；但在他几十年的历程中，他又生活得那样充实，那样富有智慧。这样的人生，又是那样富有价值与意义。这又是可以让所有人为此钦佩的。

20××年×月×日，××出生于××，从小他得到了父母以及兄弟姐妹的宠爱，

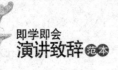

在这个幸福家庭的熏陶下,××从小就出类拔萃。无论在××中小学,还是就读的××大学,他不仅是学生干部,而且成绩优秀,兴趣爱好广泛。

××一直希望服务于他所热爱的祖国——中国。19××年以来,作为最为著名的华人会计咨询师、投资专家,他将更主要的精力投身于亚太地区,特别是为国内企业提供上市及国企股份制改造工作。他的能力得到业界的高度赞赏,他还任职中国证券监督管理委员会专职会计顾问,以及任职中国财政部会计准则委员会特聘会计准则咨询专家。

多年来,他一直寻找最适合他发展的中国企业,实现报效国家的梦想。20××年×月。他选择了××,任职 CEO。从此,开始了他人生最为辉煌的历程。

××××年××月,××协助我完成了具有里程碑意义的××在 NASDAQ 上市的工作,他任职期间××业务收入增长数十倍,公司价值从××××年的××亿美元开始持续上升,IPO 当天市值达到××亿美元,截至××××年××月突破××亿美元,××也成为首家进入 NASDAQ 百强成分股的中国公司。

在××不懈地努力下,××上市两年多来建立了一整套成熟的财务审计和信息披露体系,并于××××年年中顺利通过美国《萨班斯法案》的审核,成为中国财务体系运作管理最高效和透明的公司之一。

在××工作期间,××还展现了他在管理方面的卓越才能,他所兼管的行政、人力资源、法务等部门,都得到很好的发展。

××正处于高速发展时期,××的人生也正处于辉煌时期,百度与××的结合是完美的。而××作为一位中国人,活跃在世界资本市场上,他的勤奋,他的睿智,他的口才,他爱国家爱百度的激情,他的职业精神以及他的人格魅力,无不为中国人增添了光彩。××的离开,是百度的重大损失,也是中国互联网的一大损失,也使中国,以及世界财经领域丧失了一位优秀的领导者。

所幸的是,××在人生中表现出来的精神,被我们留下了。虽然在××工作只有短短三年多的时间,××却是一位最典型的百度人,在他身上,完美体现出了百度简单、可依赖的文化精神。同时他热爱生活,乐观积极,不断进取的精神至今仍然感染、影响着整个百度。这些精神,早已深深植根于所有百度人的血液里,骨髓中,××的精神是永存的。

我们在座所有的人,都记住了,在这个世界上,曾经有一位我们大家所爱戴与尊敬的人。我们怀念他,在他身上所体现的中华民族的优良品质,与这个民族一样,生生不息,源远流长。

安息吧,××,愿你在天堂,依然一样,每天都很美丽。

范例2　在亲人遗体告别仪式上的致辞

在母亲遗体告别仪式上的讲话

×××

（20××年×月×日）

尊敬的各位来宾、各位亲朋好友:

今天在这里举行我母亲的遗体告别仪式,首先我代表全家向参加我母亲告别仪式的各位来宾、各位亲朋好友表示衷心的感谢。农历20××年×月×日××时××分,时针停滞了,我们兄弟姐妹的好母亲,她跳动了××个春秋的心脏停止了跳动。真是山川呜咽、大地哀鸣,江河垂泪、百树摇动。

母亲生于农历19××年×月×日,她的一生,经历了旧中国的忧患沧桑。时时为在前线抗战的丈夫担忧,为支前工作忙碌。也经历了新中国的甘苦忧乐。为了抚养儿女,炎热的夏天手提两桶冰棒,走街串巷、南来北往地吆喝着卖冰棒,自己渴了连根冰棒也舍不得吃,携带着半个馒头充饥。亲爱的妈妈,在您即将离开我们独自一人到那遥远天国的时候,请让您心爱的儿子、儿媳、女儿、女婿。再次深情地呼唤您一声:妈妈,我们至亲至爱的妈妈!请让我代您心爱的孙子、孙女、外甥、外甥女再深情地呼唤您一声:奶奶、姥姥。我们至亲至爱的奶奶、姥姥!请让我代所有敬重您的亲朋好友,以及今天来为您送行的同志们深情地嘱咐您,天气寒冷、路途遥远,一路务必慢慢走好!

亲爱的妈妈，您的一生是平凡而伟大的一生，您几十年倾心待人、捧着一颗真诚的心，您的一身，为亲人而活，为丈夫、儿女而活，临走前您还在牵挂远方的亲人，却极少担心自己的身体，妈妈您为什么不多停留片刻呢？您的子女还渴望您颐养天年呢。

亲爱的妈妈，您敬重父母，奉养双亲、恪守孝道，您含辛茹苦，养儿育女，竭尽慈母之责。您胸怀坦荡、至诚至爱，尽为妻为母之责，您尊老爱幼之情、情深似海，您敬夫重弟之义、义薄云天。亲爱的妈妈您走了，走得那么匆忙，来不及道一声告别，来不及再听子女一声呼唤，您走得那么急促，连看您一眼都成了我们的一种奢望，留给我们的是永远的遗憾，无穷的伤痛。亲爱的妈妈，您走了，您的儿女失去了珍贵的母爱，您的孙子、孙女、外甥、外甥女失去了奶奶、姥姥的疼爱，您的兄弟姐妹失去了可敬的亲人，您的朋友失去了真正的知己。亲爱的妈妈，您走了，没有留下只言片语，但您却用一身的言行举止给儿孙留下了我们将取之不尽，用之不竭的精神财富，我们将铭记在心、永世不忘！人是不是真的有来生，如果有，我们做个约定，来生再做母子，我们再做您的儿女。请遵守约定，给我们一次重来的机会。我们不会再大意。我们将好好地照顾您。

亲爱的妈妈，您走了，带着我们所有的伤痛，带着我们无尽的思念，永远、永远地走了。亲爱的妈妈，您太累了，您也该好好地休息了。操心了一生，辛苦了一生的您，终于放下了所有的重担，静静地歇一歇了。妈妈您一路走好，一路珍重。安息吧！妈妈！

范例 ③ 遇难同志遗体告别仪式上的致辞

在七位遇难同志遗体告别仪式上的讲话

×××

（20××年×月×日）

女士们、先生们、朋友们：

你们好！

今天，我们怀着无比悲痛和沉重的心情，在异国他乡，为几天前不幸因车祸去世的中华人民共和国湖南省高校学术培训考察团成员××、××、××、××、××、××、××7位同志举行遗体告别仪式。受委托，我代表××省人民政府、××省教育厅、××大学、××大学、××师范学院、××商学院、××工程学院、××城市学院、××师范高等专科学校，以及7位遇难同志的亲人、生前好友、同事、学生，对7位同志的不幸遇难，表示沉痛的哀悼。

为了学习美国先进的教育管理经验，提高教育教学管理水平，促进××高等教育事业更快更好地发展，×月×日，××等7位同志应美国××大学的邀请，来到美国接受短期培训并进行学术考察。×月×日下午×点，在××××附近的15号公路上，不幸因车祸遇难。

××、××、××、××、××、××、××7位同志，生前是父母的孝顺儿子，是太太相濡以沫的好丈夫，是子女们尊敬的慈祥父亲，是学生们爱戴的好老师，是受人尊重的好领导，是党的好同志，同时又是学有专长的专家学者，是××教育界、学术界的学科带头人。他们不幸遇难，既是××高等教育事业的巨大损失，也是遇难者家庭的不幸和巨大损失。噩耗传到国内后，党中央、国务院、外交部、教育部、湖南省委、省政府领导给予了高度重视和亲切关怀。国家主席胡锦涛当即询问情况，要求我国有关部门协助救治伤员，妥善处理善后。国务

委员xx、国家教育部部长xx立即对遇难人员家属表示了深切慰问。外交部长xx马上打电话,要求我国驻美国大使馆、驻纽约总领馆迅速赶到出事地点,同美方密切配合,妥善处理。xx省委书记xx、xx省代省长xx、xx省委副书记xx、xx省副省长xx都对遇难者表示沉痛哀悼,并向家属表示深切慰问。xx省副省长xx,xx教育厅厅长xx,副厅长xx、xx、xx、xx分别到遇难者家里,向遇难人员表示了哀悼,向家属进行了慰问。听到这个不幸的消息后,这7位遇难同志的亲属、朋友,以及所在学校的同事、学生都沉浸在无比的悲痛之中。

xx同志19xx年x月x日出生于xx省xx市,是一位高等教育学博士、教授、硕士生导师,生前任xx大学副校长。曾获xx省优秀教师、xx市"十大杰出青年"等荣誉称号。他主要从事高等教育管理研究,先后出版学术专著1部、合著4部,主编教材1部,发表学术论文30余篇,主持参与省、部级以上科研课题10余项,为xx大学的建设和发展作出了积极贡献。

xx同志19xx年x月x日出生于xx省xx县,是一位工学博士、教授、博士生导师、享受政府特殊津贴的专家,生前任xx大学副校长。他长期从事激光物理和电力电子技术研究。先后在国内外学术期刊发表论文34篇,其中8篇被SCl等国际著名检索刊物收录,先后主持完成省部级科研课题12项,获国家新型专利2项,开发国家级新产品1项,主持完成教育科学研究课题8项,多项获奖。担任xx大学副校长期间,主管的各项工作都取得了很大的成绩。

xx同志19xx年x月x日出生于xx省xx市,是一位文学硕士、教授、硕士生导师,遇难前正在攻读高等教育学博士学位。生前任xx师范学院副院长,xx科技大学(筹)校务委员。他主要从事中国古代文学、文秘写作学以及教育学的教学与研究。先后承担省、部级以上科研课题多项,在国内外权威学术刊物上发表论文10余篇。在xx师范学院工作期间,主管的各项工作都取得了显著成绩。

xx同志19xx年x月x日出生于xx省xx市,是一位经济学硕士、教授、硕士生导师,生前任xx商学院副院长。他主要从事经济管理与实践研究,先后发表教学科研论文 30 多篇,出版著作 10 余部,获省级以上科研成果奖 10 余项。多年来,为××商学院的发展与建设作出了重要贡献。

　　××同志 19××年×月×日出生于××省××县,是一位环境工程学博士、教授、博士生导师,生前任××工程学院副院长。他长期从事环境工程的教学、科研和管理工作,是国内知名的废水处理专家,先后在国内核心刊物上发表论文 40 余篇,编著著作 5 部,主持完成国家、省、市科研项目 10 余项,为学校建设和环境工程教学与科研作出了重要贡献。

　　××同志 19××年×月×日出生于××省××县,是一位教授,生前任××城市学院副院长。他长期从事文学方面的教学科研工作,曾主持省社科重点资助课题多项,先后发表学术论文 50 余篇,出版专著 3 部、教材多部。多年来,为学校的建设和发展作出了积极贡献。

　　××同志 19××年×月×日出生于××省××市,是一位应用数学硕士、教授、硕士生导师,生前任××省××师范高等专科学校副校长。他长年承担繁重的行政和教学科研任务,近年来,先后在省级以上刊物发表学术论文 32 篇,其中国家级刊物和国际学术刊物上发表 12 篇, 被 SCI、ISTP、MR 等国际检索刊物收录 5 篇。多年来,为数学教育事业和××师范专科学校的发展作出了积极贡献。

　　×月×日,当××高校学术培训考察团遭遇车祸之后,立即得到了当地无数美国朋友的及时帮助,在不到 10 分钟的时间内,警方和救护车就赶到了出事现场。威廉斯港医院的医生、护士对伤员尽最大努力进行了救治,为他们创造了生存的机会;驻美大使馆、驻纽约总领馆的领导和同志们对事故的处理高度重视,连夜亲临现场协助处理,并对我们的工作及时进行了指导;不少华侨、华人、中国留学生也及时提供了有力的帮助,使几位受伤人员得到救助。在此,我代表××省人民政府、××省教育厅,代表××大学、××大学、××师范学院、××商学院、××工程学院、××城市学院、××师范高等专科学校、××文理学院、××医学高等专科学校、××农业大学,代表××等 7 位遇难同志的家属、亲朋好友,代表××、××、××3 位受伤同志及亲属,代表××高校学术培训考察团

的其他成员,对及时给予关心和帮助的美国政府、警方和医务人员,中国驻美大使馆、驻纽约总领馆,广大华人、华侨和中国留学生表示诚挚的谢意。

　　××、××、××、××、××、××、××7位同志的一生虽然短暂,但他们为××高等教育事业和××的发展作出了积极贡献,他们的精神必将永存,他们未竟的事业,必将随着中国改革开放的进程更加辉煌。

　　××、××、××、××、××、××、××同志,安息吧!